U0046094

GOBOOKS
& SITAK
GROUP©

外界的聲音只是參考，
你不開心就不參考

老楊的貓頭鷹——著

前言
送給當代年輕人的開竅指南

你的身體用「打哈欠」的方式向你的大腦發出了「休息」的訊號，但你的大腦卻說：「再等等。」你的身體問：「等什麼？」你的大腦說：「我也不知道。」

於是你進入了一種糟糕的清醒狀態：很疲憊，但是睡不著；即便是把眼睛閉上，腦子卻還在開趴。

結果是，黑夜沒有虧待你，它會賜你一個皺巴巴的皮囊和一個軟趴趴的靈魂；生活也沒有拋棄你，它會用壓力把你打回「圓」形；而髮際線則會執行一個神祕的指令：「全體都有，向後轉，齊步走！」

你的靈魂困在了「我要進步」與「我要快活」之間左右為難，你的皮囊卡在了「抬頭有抬頭紋，低頭有雙下巴；不笑運氣差，一笑臉就大」之間進退兩難。

你睜開眼睛是父母養老、房貸、車貸，閉上眼睛是學習、工作、前途、感情。你拚命賺錢，錢沒賺到；拚命撈愛，愛也沒撈著。你上怕父母病老，下怕同齡人超越，一旁的另一半還不依不饒。

結果是，你捲又捲不贏，躺又躺不平，只好一邊控訴「內捲」，祈禱生活的節奏能夠慢下來，一邊又被迫焦慮地努力著，繼續對內捲推波助瀾。

你在很多場合不像以前那麼活躍了，取而代之的是大腦在高速旋轉。你越來越不愛說話了，恨不得去報名手語班。

你的理想狀態是：心態鬆弛，皮膚緊繃；但現實中的狀態卻是：心態緊繃，皮膚鬆弛。

你想像中的長大，是想去哪裡，就去哪裡；但實際上的長大，是沒有才華，錢也不夠花。

結果是，你成了小時候羨慕的大人，也成了羨慕小時候的大人。

你想談一場以結婚為目的的戀愛，但你的心態一直在「想談戀愛」和「誰都看不上」之間頻繁切換。

你每次都以為自己總算遇到了「小火慢燉的粥」，後來卻發現只是「一碗半生不熟的飯」。

你以前看到一分真心就敢敞開心扉去大愛一場，你現在看到了十分真心卻還想「再等等看」。因為被愛傷害過，所以不管誰走過來，你都懷疑他的口袋裡藏著刀槍棍棒。

結果是，你趕不上合適的，碰不到認真的，也沒遇到堅定的。

你一邊要頂住親朋好友和前輩主管對自己感情、事業、收入、生活的指指點點，一邊又無意間將自己的喜好、意見、審美、消費習慣暴露給了大數據。

你上一秒還因為不公平的現象而怒不可遏，下一秒就因為某個人的長相開始犯花癡；你前一刻被優秀的人激勵，摩拳擦掌想要迎頭趕上，下一刻就被「人生無意義」擊垮，陷入了無盡的沮喪中。

你的手機裡有一萬支有趣的影片值得你去按讚、收藏，影劇裡有一萬種人間真情能讓你熱淚盈眶，遊戲裡有一萬次衝鋒陷陣會讓你欲罷不能，可一旦你的視線離開了螢幕，抬頭看到的卻只是沒有開燈的房間、四下無人的黑夜和冷冷清清的自己。

結果是，外界的聲音在持續地碾壓你內心的聲音，外部的意見在持續地覆蓋你個人的意見，外面的熱鬧正無聲無息地把你擠成了薄薄的一片。

你冬天的時候盤算夏天的計畫，要看海，要爬山，要告白，要跟喜歡的人周遊天下。可當夏天真的到來時，你又只想待在冷氣房裡，心裡還嘀咕：「傻子才出門呢！」

你一邊強調明天會更好，一邊又把今天的爛攤子都甩給了明天，然後，你對過去那個天真無邪的自己嗤之以鼻，對現在這個毫無作為的自己傲慢無禮。

結果是，你的人生就像在開車，一隻腳在猛踩油門，另一隻腳又狂踩剎車，然後任由青春、熱情和夢想就這麼空耗著。

到底是誰，在你的精神食糧裡下了蒙汗藥，讓你從一個意氣風發的熱血青年變成了一個良心脆弱、不可愛的大人？

到底是在什麼時候，你失去了對生活的熱情和對夢想的執著，從一個理想主義的少年變成了一條外焦裡嫩的「鹹魚」？

到底是哪一步走錯了，讓滿腹經綸的你活成了「滿腹痙攣」的模樣，從一個渾身發光的浪漫主義者變成了一個渾身貼滿標籤的人？

事實上，你是所有問題的始作俑者，也是所有問題的答案所在。所以，不管生活還要多久才會變好，你都要把自己變好。你變優秀了，其他的事情才會跟著好起來。

你可以平凡，但要拒絕平庸；你可以沮喪，但要拒絕擺爛；你可以不鮮豔，但要有自己的顏色；你可以隨心所欲，但不能隨波逐流。

過好每一個今天，是我們反抗這個世界的最好辦法，也是擁抱這個世界的最好方式。

變成更好的自己，是回應傷害我們的人的最好手段，也是回報愛我們的人的最好策略。

不要淺嘗輒止。任何一件事情，如果你捨得花時間，你不可能不擅長它；如果你既擅長，又捨得花時間，你不可能得不到回報。

不要勉強自己合群。你喜歡臭豆腐，他喜歡噴香水，那就互相離遠一點，誰也別熏到誰。

不要被別人帶亂了節奏。人生的路曲折且漫長，偶爾塞車很正常，就像導航提示的那樣：「前方道路擁塞，但你仍然在最佳路線上。」

不要被別人的意見左右了內心的聲音。一旦你違背了自己的意願，那麼後來發生的事情都像是懲罰。

你要堅定地做自己。所謂做自己，就是你的靈魂有潔癖，所以不會碰觸那些你不喜歡的身體，不去附和那些無法苟同的觀念，不去接近那些從未心動過的感情；就是你的生活有態度，所以裙子怎麼穿，眉毛怎麼畫，頭髮怎麼盤，鋼彈的鎧甲用什麼護板，公主的玻璃鞋該穿哪一款，全都由你自己說了算。

你要建立清晰的界線感。所謂界線感，就是和前輩、主管親密無間，傾聽但不唯命是從；和晚輩、下屬亦師亦友，關愛但不越俎代庖；和家人、合作夥伴唇齒相依，緊密但不混淆公私；和朋友、戀人肝膽相照，理解但不越雷池半步。

你要做一個可靠的人。所謂可靠，就是窮的時候不坑人拐騙，富的時候不目中無人，苦的時候不出賣朋友，難的時候不算計別人。能保持敏感，卻會因為思想通透而顯得格外豁達；能保持溫柔，卻會因為有風骨而不顯媚態。

一旦你停止羨慕別人，更多的是欣賞自己，那麼根本就不存在長相平平和出身平平這回事；一旦你停止討好別人，更多的是忠於自己，那麼根本就不會再有斤斤計較和耿耿於懷這種事。

一旦你後來過得很幸福，你就真的可以原諒之前感情裡所有的不順利；一旦你真的變厲害了，你就會看淡很多是非，記住的都是別人對你的好，哪怕是當年讓你大哭一場的人，現在也能坐下來一起喝一杯。

所以，你要做你認為正確的事，然後接受可能發生的事與願違；你要用自己的頻率震動，這個世界有很多美好的東西在等著與你共鳴。

你要認真地把生活中為數不多的開心畫成重點，在每一個糟心的時刻反覆誦讀；你要收集每一個微小的快樂，用它們去回擊每一個糟糕的日子。

如此一來，你會覺得人間可愛，實在值得下凡歷劫。

願你遇到那個能理解你的不安和奇怪的人，願你遇到那個能照亮你內心黑暗角落的人，願你遇到那個能在別人冷嘲熱諷時無條件地站在你這邊的人。在這之前，願你不怕一個人生活。

願你的飛機永不誤點，願你買的水果永遠很甜，願你抽的盲盒永遠是想要的那款，願你一直擁有「遠離討厭鬼」的勇氣和「遇見心上人」的運氣，願你發財和被愛。如果不行，願你能成為自己的靠山。

願你做的是喜歡的事情，願你過的是喜歡的生活，願你愛的是中意的人。如果不是，願你有勇氣重新開始。

慢慢理解世界，慢慢更新自己；和理想平等交易，與喧囂保持距離；祝世界繼續熱鬧，祝你還是你。

二〇二二年四月八日，遼寧瀋陽

Part 2
別傻：先一個人活色生香，再兩個人相得益彰

Part 3
別急：一定要把及時止損列入人生信條

Part 4 別孬：你要快樂，不必正常

Part 1

別怕：外界的聲音只是參考，你不開心就不參考

一定要結婚生子，人生才算圓滿嗎？

一定要功成名就，做人才算成功嗎？

一定要討人喜歡，才算好人嗎？

不是的，我們來這人間走一回，不是為了參加一場讓別人打分數的考試，而是為了過自己喜歡的生活、見自己喜歡的人、做自己喜歡的事。

所以你要時常提醒自己：最通情達理的處世方式就是不要勉強自己。

01 關於獨處：除非你的加入比我的獨處更加宜人，否則大可不必

1

大學考之後，我一直都在人海裡漂。遇上過節的日子，我也會覺得那月亮像是長了牙，把我這個異鄉人咬得發疼。

我也曾渴望過有一群人能夠一起玩，也曾想過要融入某個集體之中，也曾因為恐懼孤獨而渴望與人為伴。但是，每當我試著合群一次，我對孤獨的好感就會上漲一分。

有時候是，我想去自習，別人想去打遊戲；我想去跑步，別人想去逛街；我想週末去看個展，別人想週末看個劇。

有時候是，別人談的話題，我絲毫不感興趣；別人猛誇的明星，我根本就不認識；別人吐槽的某某，我竟然非常喜歡。

還有的時候是，我講得情真意切，對方卻表現得相當敷衍；我不吐不快，對方卻視若無睹。

這種感覺就像是，我掏心掏肺地跟你講我身上每個紋身的故事，它們分別代表了逝去的愛情、漸行漸遠的友情、無處安放的青春、遙不可及的夢想……而你開口的第一句是：「那你是不是不能考公務員了呀！」

久而久之，我習慣了一個人吃飯、一個人自習、一個人過生日、一個人看電影、一個人旅行……

不管是主動在週末枯坐於電腦前打字，還是被迫對著十幾萬字的稿子逐字逐句地推敲，當我一個人在異鄉經歷了無數個孤獨的日子，然後還能積極生活，努力工作，認真地去愛或者恨，不惹人不快，不求人施捨好感，不祈禱誰突然回心轉意，不盼著事業突然就平步青雲，我就越發確定：孤獨沒什麼好怕的。

遇到了麻煩的事，我就陪自己閒談許久，很溫柔地勸自己認清現實，很真誠地勸自己放下成見。

我不再急於跟誰解釋我的孤獨，也不想試圖說服誰，我的心態變得異常「強悍」：你信我也行，不信拉倒；你喜歡我也行，不喜歡就隨你的便。

我不用再照顧誰的情緒，也不必擔心被人猜忌，就像臨街的小店終於關了門，熄了燈，不用再歡迎誰的光臨，也不會再有人亂按門鈴。

我一個人吃飯也可以很詩意，就像是空出一個座位，舉杯邀請了明月。

我一個人碰見雨天也可以很浪漫，就撐起一把傘，陪這漫天大雨逛他個兩條街。

孤獨挺好的，誰也不虧欠，誰也不想念，誰也不連累。很清醒，知進退，有邊界。

那麼你呢？

坐車或者吃飯的時候，如果旁邊坐著陌生人，你就會轉頭看另一邊，就算脖子瘦了，也不看對方一眼。

迎面有同事走過來，你的心裡就開始敲鑼打鼓：「我這樣直勾勾地看著他走過去是不是不太好？」、「假裝玩手機吧。」、「該怎麼自然且驚喜地打招呼？就好像突然才看到他那樣？」最後是非常不自然地跟人打了個招呼。

去買飲料的時候，碰見了別的部門的同事，你半生不熟地跟人尬聊，好不容易等到了自己的飲料，心裡想的是，「明天一定要換個時間來。」

去參加聚會，別人覺得你沒意思，你也覺得自己快要累死了。

你既沒有享受到合群的樂趣，也沒有因為熱烈地參加社交而變得受歡迎，同時還把自己弄得緊張兮兮的。

你發的動態，就像古代懸賞放榜，掛了一個上午都無人問津。

你的圈子小得可憐，甚至是手機通知一響，就能猜到是誰找你。

你翻山越嶺，卻無人明白你的辛苦；你振臂高呼，卻無人理解你的喜悅。

你就像深夜懸立在森林裡的貓頭鷹，所有的動物都入睡了，牠們的夢境拒絕了你的加入，而醒著的世界又無人為你點燈。

但我想提醒你的是，孤獨是人生的常態，不要逼自己外向。勸安靜的自己過得熱鬧一點，無異於拿著槍逼自己的影子「離我遠一點」。

既然做不到虛偽迎合，乾脆就選擇自在獨行。

希望你能擁有的自由，是那種站在街頭誰也不等的自由，而不是站在十字路口不知道該往哪裡去的自由。

2

因為受不了媽媽的死纏爛打，朱小姐不得不去相親了。原本以為隨便吃頓飯就可以交差了事，結果這個相親對象把她氣得夠嗆。

男的條件還不錯，名校畢業，外商上班，一百八十幾的身高，長相也是中上等。但朱小姐對他的印象很不好，因為對方直接省略了寒暄，非常沒教養地問：「你家打算要多少聘金？」

還沒等朱小姐回答，他又擺出了一副居高臨下的姿態，說什麼嫁到他家就必須辭職，孩子必須生兩個，就算請了保姆也必須由孩子媽媽親自帶，末了又補了一句：「下個月就可以結婚，這樣我就算尊重爸媽的意願了。」

朱小姐嘴都氣歪了，回覆道：「就算我一輩子都不結婚，我也不願意跟你這種人將就。」說完就起身離開了。

是的，除非你的加入比我的獨處更加宜人，否則大可不必。

在很多人眼裡，大齡單身就像是一種病。

遇到條件差的，你說不喜歡，就會被人指責：「你的要求也太高了。」

遇到條件好的，但對方不喜歡你，就會被人嘲諷：「你看，你都這個年紀了，條件好的都看不上你。」

然後，你就會被堂而皇之地介紹給一堆條件更差的人。

可問題是，你認真經營自己這麼多年，憑什麼要隨隨便便地送出去呢？

我想說的是，大齡單身沒有問題。因為你深知美好的愛情從來不會遍地都是，所以你才如此小心翼翼、精挑細選，甚至不惜用帶刺的鎧甲把自己包圍起來，只讓人看到你對愛情和婚姻的挑剔。

不隨便將就是因為你覺得自己的意見、感受和愛情特別重要，所以不輕易戀愛、結婚，而是選擇寧缺勿濫。

不是早就有人說了嗎？結婚是為了幸福，離婚是，不隨便結婚也是！

所以，不要因為被人說三道四就覺得自己貶值了，不要在意別人問的「你覺得自己老了沒？」、「你沒發現你的身材走樣了嗎？」、「你的皮膚開始鬆弛了吧？」、「你該生小孩了吧？」這類的問題。

你該關心的是，「我的事業是不是提升到一個新層次了？」、「我有沒有找到自己喜歡做的事情？」、「我是否比從前更加從容自信？」、「我是不是更懂得愛自己？」

人最要緊的事情不是在大好的年華裡想方設法地把自己「交代」出去，而是要培養「不隨年齡而貶值」的能力，這包括：以增長本事為目的的學習，以保持健康為目的的自律，以賺錢為目的的努力，以快樂為原則的社交。

怕就怕，你因為能夠享受到來自異性的殷勤和基於年輕貌美的便利，就忘了要提升自己。

你要明白，辜負了別人，是要還債的；辜負了自己，是要遺憾終身的。

需要特別提醒一句，不將就的好處很多，但「代價」也不小。

比如說，即便你在努力提升自己，認真工作、堅持鍛煉、定期看書、熱愛美食、能吃會做、為人謙和、不愛八卦……但在某些人眼裡，你不過是個沉默寡言、不想結婚、不肯生小孩的「心理變態」。因為你活成了某些人不敢活的樣子，也就無意間「冒犯」了他們將就的人生。

3

龔先生是個寂寞的高手。他的簽名檔常年都是一句話：「先安靜去做，做成了再說。」

他常一個人去山裡拍花草樹木和滿天繁星，我曾問過他：「不覺得孤獨嗎？」

他的回答非常浪漫：「我生嚼繁星，拿新月剔牙，不用提有多美好了。」

他退出了所有的聊天群組，甚至連通訊軟體也很少用。我曾問過他：「你就不擔心別人說你奇怪嗎？」

他的回答鏗鏘有力：「我喜歡我的時候，誰不喜歡我都沒關係，我沒有義務去成全別人對我的期待。」

他不喜歡複雜的交際，不刻意去結交誰，曾經的同學、以前公司的同事，他基本上都不再聯繫了。

但他並不是社恐，也不是社交低能，他沒有跟誰起衝突，也沒在背地裡講誰的壞話，他跟室友、同事、戀人的關係都很好，但不是那種「做什麼都非得一起」的好，而是「你喜歡你的，我喜歡我的；你忙你的，我忙我的」那種好。

就算是結了婚，他和妻子也各有各的書房，各玩各的遊戲，各讀各的書籍；他們各自去旅行，週末就算一起出門，也經常是看不同的電影……他們深愛著對方，但沒有束縛，沒有捆綁。

原來，「喜歡獨處」並不等於「我很孤獨」，內向的人只是語言和肢體動作不太豐富，但不代表他們的內心世界無聊或者單一。

他只想回家洗個熱水澡，鑽進被窩裡，看一部老電影、聽聽歌，享受那種完全自由的放鬆狀態，像是重新做回了小孩一樣。不用在意別人的想法，不用去看別人的臉色，不用考慮和別人聊什麼，不用試圖融入什麼圈子。

他只是享受他那乾乾淨淨的精神世界和乾乾淨淨的生活圈子。

所以，不要因為別人選擇了獨處，就將別人視為怪胎；不要因為別人拒絕了你的邀請，就覺得別人是在擺臭架子。

事實上，並不是每個人都像你那麼需要社交，有的人只是因為累了，需要透過獨處來為靈魂充電。這時候，他不想說話，不想解釋，也不想被打擾。

世界上最讓人痛心的事情是，某個人奪走了你的獨處，卻從來沒有提供真正的陪伴。

4

有個特別常見的問題：「為什麼有的人不聰明、不善於交際，卻賺了很多錢，取得了很高的成就？」

有個扎心的答案是：因為你不值得那個人展示他的聰明和善於交際的一面。

有個特別心酸的問題：「情人節沒有情人怎麼辦？」

最狠的回答是：「家裡沒有人去世，難道要在清明節前弄死一兩個嗎？沒有情人就不過節囉。」

我們從小受的教育就是「要合群」，總是把「別人不喜歡自己」視為失敗，把「一個人獨來獨往」視為恥辱，恨不得讓地球上的每個人都喜歡自己。

但我想提醒你的是，孤獨並不來自四下無人的冷清，而是來自話不投機的熱鬧；不是沒有人聽自己講話，而是你不想說給某些人聽。

這意味著，你不是被動地「獨來獨往」，而是主動選擇了「自己待著」。

你一整天的時間只需應付自己一個人，只需要對自己有求必應。

你不用擔心被誰比了下去，也不用想著要比誰過得更好，沒有裝high的「衝呀」、「加油呀」，也不必被「能不能抽空幫個忙」的事情打擾，更不必為了某個討厭的傢伙而耗費精力去平衡情緒。

你不用偽裝健談，不用假裝和善，不用受拘束，也不用遷就誰；不用轉彎抹角地炫耀自己，不用添油加醋地貶低別人，也不用相互窺探地搬弄是非。

你只是喜歡安靜地待著，只是很享受坐在書房裡看書，只是樂於待在幽靜的環境中，而不是坐在電腦前跟人八卦，或者捧著手機假裝很忙，或者跟志趣不同的人觥籌交錯。

你只是不想跟幸運的人討論吃喝玩樂，不想和不幸的人討論人間疾苦，不想聽浮誇的人擺弄是非，也不想與城府之人鉤心鬥角。

你只是靈魂有潔癖，所以不去碰觸那些不喜歡的身體，不去回應那些毫無感覺的詞句，不去擁抱那些從未心動過的感情。

你只是明白了人和人之間存在著不可調和的矛盾，沒必要互相說服；你只是識破了人與人之間無法感同身受的真相，沒辦法互相理解。所以選擇用沉默去消化渴望被人理解的傾訴欲，用獨處來抵擋與不舒服的人相伴的麻煩。

你只是不願意為了合群而變成人群中面目模糊的某某，你只是不願被什麼潮流操控而擺出迎合的姿態。

你只是懶得打開手機去湊別人的熱鬧，也懶得跟人閒扯毫無根據的「瓜」，你有自認為重要的人和有意思的事，只是跟其他人的不一樣罷了。

因為你很清楚，合群的代價極大、成本極高，你需要面對張三的邀約、李四的閒談、王五的求助、趙六的聲討、孫七和周八的嫉妒，以及吳九和鄭十的不理解。這意味著你需要耗費巨大的時間和精力。

因為你很確定，真正能讓自己開心的，是每個月能賺多少錢，今天能吃到什麼好吃的，明天能見到喜歡的某某，戶頭餘額是多少，下個月還能去哪裡玩，買不買得起自己喜歡的東西……而不是別人怎麼看我、有沒有朋友、誰誰是不是喜歡我之類的問題。

與其花那麼多的時間和精力去打理那些沒勁的人際關係，不如投資在自己身上，用在發芽、開花、結果、扎根上。

願你遇到那個能理解你的不安和奇怪的人，願你遇到那個能照亮你內心黑暗角落的人，願你遇到那個能在別人冷嘲熱諷時無條件地站在你這邊的人。在這之前，願你不怕一個人生活。

嗯，慢慢理解世界，慢慢更新自己；和理想平等交易，與喧囂保持距離。祝世界繼續熱鬧，祝你還是你。

02

關於評價：無論你怎麼表裡如一，在別人嘴裡也各不相同

1

外界的聲音只是參考，你不開心就不參考。與其戰戰兢兢地活在別人的評價裡，不如無視、封鎖或者嗆回去。就算因此而被某個人討厭、被某個小圈子排擠、被貼上「不好惹」的標籤，也沒什麼，世界不僅不會因此而變得糟糕，反而會更加清爽和明媚。

如果有人對你說：「你知道別人是怎麼在背後說你的嗎？」

不妨酷酷地回一句：「我不需要知道，他們不重要。」

如果有人對你說：「我不喜歡你。」不妨「謙卑」地回應：「如果我的性格或者處事原則

2

讓你不爽了，那麼我在這裡由衷地對你說一句：你能把我怎麼樣呢？」

寫稿到半夜，看見陸小姐發了一則動態：「學歷輸了，家境輸了，顏值輸了，只剩下卑微的三觀、一文不值的自尊心和一本正經的道德底線。」再重整，那則動態不見了。

我問她怎麼了，她跟我講了一件讓人無語的事。由於同事的拖延，導致陸小姐本該今天處理並上交的資料不得不延遲到後天，所以陸小姐必須去跟主管解釋一下。

她糾結了好半天，因為跟主管說真話，肯定會讓那個同事被責罵，可如果不解釋，那麼這份責任就得自己承擔。思來想去，她還是怯生生地找主管了，沒多久，那個同事徑直走到她面前，把一疊文件當眾砸在她的桌子上。

她想解釋，但全程語塞，憋紅了臉站在座位上，就像一位初次登臺的脫口秀演員，好半天也講不出一句俏皮話。

她說：「我提醒她好多次了，可是她根本不當一回事，有空跟人閒聊八卦，卻沒空做半點正事。這明明都是她自己的問題，她怎麼一點都不知道反省，反倒全都怪罪到我身上？」

我回覆道：「因為壞人的心理素質永遠比好人強大。比拚道德底線，好人經常會輸給壞人，就像是比拚味道的濃郁程度，香水永遠贏不過韭菜盒子。」

成年人的世界有很多的無奈：自私的人很少自卑，無知的人很少敬畏，惹人煩的人很少不開心，反倒是守規則的人更容易被冒犯，懂事的人更容易被虧待，滿心是歉意的人更容易遍體鱗傷。

面對別人的非議與批評，你永遠都有兩種選擇，一種叫「自甘墮落」，一種叫「心態超好」。

我所謂的「自甘墮落」，不是指多看幾支影片，多喝幾杯碳酸飲料，而是整天都在想方設法地吸引別人、討好別人，糾結於該如何解釋自己，如何讓人喜歡、滿意和關注。

而我所謂的「心態超好」，就是別人笑你太瘋癲，你就笑別人：「唉喲，這都被你看出來了。」

事實上，那些你不解釋清楚就無法理解你的人，多數也是你解釋了半天也不會理解你的人。因為理解你的人不需要你的解釋，討厭你的人也不會因為你的三言兩語就轉變對你的看法，甚至在某些人看來，你賣力解釋自己的樣子就像一個犯人在開脫罪名。

那麼，怎樣才能不在意別人的看法呢？

首先，你要學會幫不同的人打分數。

幫某某打十分，意味著你特別在乎他，他的評價就像聖旨，他說什麼，你都願意跪著接旨。

幫某某打一分，意味著他在你的世界裡無足輕重，他的評價就像衛生紙，他說什麼，你都可以直接扔了。

當你幫所謂的「別人」打完分數，你就會發現，雖然身邊人潮洶湧，但真正重要的人寥寥無幾。

其次是「別太自戀」。

很多時候，你覺得別人對你有看法，是因為你一直在盯著別人，因為你對別人也有看法。穿上了新衣服，你就覺得全世界的人們都在看你。抱歉，沒有人在看你！心儀的某某與你對視時微微一笑，你就覺得他對你有意思了。抱歉，人家只是禮貌而已。主管在會議上誇了你幾句，你就覺得大家都對你另眼相看了。抱歉，散會了，大家就都忘了。

你可以在意別人的感受，但不用在意別人的看法。

別人的評價都是注解，你自己才是原文。你既不可能、也沒必要對每個人都笑臉相迎。就算你知道有人不喜歡自己，這也不會影響你做自己。因為成為自己並不需要打敗誰、吵贏誰，也無須全人類來投票同意。

你不能因為這個世界有人跟你「道不同」，就不好好走自己的路；你不能因為有人暫時擋了一下你的路，就認為自己無路可走了。因為沒有人能夠用負面的評價傷害到你。真正讓你猶豫的從來不是別人的質疑，而是你自身的不堅定；真正讓你痛苦的從來不是別人的嘴巴，而是你自己的介意。

如果你早日認清別人在自己的世界裡沒那麼重要，你會輕鬆很多；如果你早點認清自己在別人心中沒那麼重要，你會快樂很多。

換言之，對喜歡的人和事不遺餘力，是我們需要不斷學習的快樂祕笈；對討厭的人和事露出微笑，也是我們必須要熟練掌握的生存技巧。

成熟的標誌就是，不需要靠別人的巴結來獲得優越感，不需要靠別人的認同來獲得價值感，不需要靠別人的表揚來獲得存在感，而是允許自己被否定、被批評，但心裡明白這並不能說明什麼，這只是別人的個人判斷，自己無須認同。

3

愛因斯坦經常穿一件破大衣出門，朋友看不下去了，就對他說：「你穿得太不體面了，會被人笑的。」

他無所謂地說：「那又怎樣？反正別人都不認識我。」

後來，他的「相對論」震驚世界，但他還是穿著破大衣出門。朋友又勸他：「你現在是個大人物了，穿得那麼不體面，會被人家笑的。」

他依然無所謂地說：「那又怎樣？反正別人都認識我了。」

面對外界的評價，你反問一句「那又怎樣？」，馬上就能變得理直氣壯。

你覺得我善良、優秀、好看，那又怎樣？我又不依賴你的認可而活。

你覺得我狹隘、無能、討厭，那又怎樣？我愛的人依然很愛我。

你說我無禮、強勢、自私，那又怎樣？我根本就沒想過要獲得你的好感。

你覺得我的判斷不對、選擇不好，那又怎樣？我活得無比充實，而且幸福。

你要快樂，不必正常；圈子不同，不必強融；三觀不合，別瞎攪和。

那麼你呢？

被當眾叫起來發言時，總是戰戰兢兢的：「我會不會表現得很差？會不會被大家瞧不起？」

和朋友聊天時，不小心講錯了一句話，心裡忐忑不安：「完了完了，她會不會生我的氣啊？」

被主管分配了一個重要的任務，一直在心裡反覆糾結：「萬一搞砸了怎麼辦？」

手邊還有事情要做，拒絕了幫某個人的忙，就一直擔心：「他會不會覺得我很自私？」

看見某個人今天的心情不太晴朗，你就往自己身上找原因：「不會是因為我三天前說錯的那句話吧？完了完了。」

晚上睡覺之前，想起白天有個同事幫自己列印了文件，而你卻忘了說謝謝，然後輾轉反側：「她會不會覺得我是個沒禮貌的人？」

你覺得某件衣服很漂亮，但有人說另一件更適合你，你就會違心地買下那一件。

你精心打扮了一番，想發個美美的自拍照，但身邊的人說你的自拍照不好看，剛想點「發布」的手就默默縮了回去。

你遇到不開心的事情，想發則動態記錄一下，但又擔心別人覺得自己是小題大作，於是把敲了好久的文字、修了好久的配圖都刪了。

你像個內心戲十足的蹩腳演員，無時無刻不在心裡猜疑：「我說話的時候，主管轉過頭去看別的地方了，是不是對我沒興趣？我是不是說錯了什麼話？」

「我提這個要求會不會太過分了？我說出來他們會怎麼看我？肯定會覺得我很小家子氣吧？」

「他們那樣的眼神，是不是在批判我？他們在說我什麼？是不是我那天關門的時候吵到大家了？」

我想提醒你兩點：

一、這個世界是沒辦法被討好的。你待人溫柔，會被說成「太假了」；你為人正直，會被說成「太死腦筋」；你活潑開朗，會被說成「太不正經」；你安靜地努力，會被說成「太清高了」，不如就真實地做你自己，然後坦然承擔所需的代價。

二、你想做的事、你想穿的衣服、你想看的電影、你想發的動態，都是很正常、很普通的事情，它們既不是維持國際和平，也不是太空船登月，它們既不用聯合國開會投票表決，也不會影響人類文明的發展進程。它只是你喜歡、你享受、你想試試的事情而已。成與不成，好與不好，都是你的事，都由你自己負責，對他人沒有多大的影響。

別人說得再好聽，也不過是像買跑車的時候店家贈送的二十元優惠券，有什麼用？

別人說得再難聽，也不過是像議價的時候賣家不肯算你便宜的那一塊錢，又能怎樣？

不要為教條所限，不要活在別人的觀念裡，不要被別人的意見左右了自己內心的聲音。一旦你違背了自己的意願，那麼後來發生的事情都像是懲罰。

4

你有沒有聽到過這樣的論調：「第一次來這麼奢華的地方，你不要表現得大驚小怪的，不然別人會看不起你。」、「你這麼有錢，才捐這麼一點錢？你就不擔心別人笑你嗎？」、「你老老實實地嫁人不好嗎？都三十好幾的人了，這樣不是存心讓別人看笑話嗎？」

這些所謂的「別人的看法」，不過是他本人對你的看法。他只是想營造一種「大家都這樣，就你是個異類」的氣氛，以此來脅迫你就範。

那麼，人會在什麼情況下真的做到「不在乎別人的看法」呢？

就是當你意識到「別人對自己的看法，本質上取決於自身的實力」的時候。

就是當你發現「別人評價的好壞並不代表對錯，僅僅只代表他們的利益是否受損」的時候。

就是當你明白「絕大多數的『別人』，這輩子與你只有數面之緣」的時候。

不要試著取悅別人，取悅的收益極低。

你因為戴著面具吸引來的友情或者好感，也會因為被人覺得不真實而慢慢遠離你。

你因為討好別人而獲得的認可或者讚美，也會因為你不得不為此疲於奔命而讓你不得安寧。

你因為渴求他人的好感而強行提供的「關心」或者「幫助」，也會因為讓人覺得窒息而想逃離你。

到最後，去討好別人的是你，辛苦的是你，被嫌棄的還是你。

你不必非得讓那些不喜歡你的人都喜歡你，而是要讓那些喜歡你的人覺得自己真有眼光。畢竟人和人是不一樣的，喜好不一樣，厭惡不一樣，癢處也不一樣。

做人的最高成就，就是充分地成為自己；人生的最大成功，就是用自己喜歡的方式過一生。

當你開始真正地做自己，你會從自我懷疑轉向喜歡自己，從渴望被關注轉向好好走自己的路。你會更關注「我想要什麼」、「我喜歡什麼」、「我該做什麼」、「我能做什麼」和「我在做什麼」，而不再是關注昨日的懊悔、明日的擔憂、他人的悲喜和外界的意見。

所以，悄悄去努力吧，一旦你真的變厲害了，你就會看淡很多是非，你記住的都是別人對你的好，哪怕是當年讓你大哭一場的人，現在也能坐下來一起喝一杯。

最後，讀一首《當世界年紀還小的時候》裡的小詩吧：「洋蔥、蘿蔔和番茄不相信世界上有南瓜這個東西，它們以為那只是空想。南瓜默默不說話，它只是繼續成長。」

03

關於界線感：你不需要那麼好相處，你需要的是被討厭的勇氣

1

趙小姐總能守住她的原則，不管是什麼類型的朋友，她的態度都是一樣的：「不越界，我們就愉快地玩耍；越界了，我管你是誰。」

有個多年沒聯繫的同學突然找趙小姐閒聊，繞了好大一個圈子才開口借錢，說要買房子。對方先是聲淚俱下地講述了家庭的艱難，然後描述了和男朋友一起買房的難處，最後又說起了自己當下的諸多不如意。

趙小姐回覆道：「不好意思，我早就跟自己訂了原則，除非是救命，否則絕不和人發生任

何金錢聯繫。」

對方顯然沒料到她會這麼說，支支吾吾了好一會才掛斷電話，然後就在動態裡寫道：「怎麼會有這種人啊，怎麼這麼冷血？為什麼就不能善解人意一點呢？」

趙小姐也不含糊，直接留言道：「『善解人意』是什麼意思？是要我違背自己的原則，讓你滿意嗎？」

被人貶低的時候，能反駁就別給面子；不想吃虧的時候，能拒絕就都避免。你只需記住，那些因為你設定的界線而對你感到失望或生氣的人，多數是那些沒有從你設立的界線中占到便宜的人。

這些人的界線感很模糊，他們或是給你平添煩惱，或是讓你尷尬地下不了台。

比如問不合時宜的問題：「你每個月賺多少錢？」、「你怎麼還不結婚？」、「你的偶像居然是他啊，你不覺得他長得很醜嗎？」

比如提沒有分寸的請求：「你幫我一下吧，我今天有事要著急走！」、「你幫我集一下點數。」、「你就幫我一下。」當然，如果你拒絕了，他們就像受了天大的委屈似的：「唉呀，這麼點小忙都不幫，你還是不是朋友啊！」

這些人的策略無非是：抱著私心指責你「為什麼不能大度一點」，裝著糊塗抨擊你「有什麼好委屈的」，以及站在他們的立場上指責你「為什麼不能遷就一下別人」。

這種人給人的感覺是，時間是有匯率的，他們的時間無比珍貴，別人的時間都不值錢。

怕就怕，你為了避免尷尬，為了迴避衝突，為了所謂的面子，選擇了妥協和退讓；你不懂拒絕，不敢反駁，總覺得別人的要求比自己的事情更緊迫，總認為別人的看法比自己的感受更重要。你認為拒絕別人的要求是難為情的，所以承擔了很多不屬於你的工作、責任和壓力，疲憊不堪地為了一些無關緊要的人耗費精力。

以至於你常常很困惑：「為什麼自己一直與人為善、熱心助人，但社交生活卻還是一團糟呢？為什麼自己對某些人明明很熱心，但這些人還是讓自己不舒服呢？」

答案是，你總是試圖表現你並不具備的優良品質，總是犧牲你並不寬裕的精力，以此來掩蓋你的良心脆弱，卻忘了人與人之間最舒服的關係，並非不分你我，而是熟不逾矩。

如果別人的冒犯你都忍了，如果別人提的無理要求你都接受了，那麼你的「好委屈」和「煩死了」都是活該。就別再問「我這麼實在的人，總是吃虧怎麼辦」，你做了那麼多違背自己內心的事，已經不實在了。

我的建議是，違心的事情少將就，彆扭的關係別強留，遇到討厭鬼要及時抽身，遇到煩人精要及時止損。

成年人最快樂的事情就是還擁有「被討厭的勇氣」和「做自己的底氣」：你不喜歡就不喜歡吧，既然我會在你面前做「我自己喜歡但你不喜歡」的事情，那有極大機率是「我也不喜歡你啊」。知道了嗎？

2

有的人，你靠近他會覺得是自己在沾光，哪怕是見面打了個招呼，他的氣場也會讓你覺得靈魂充滿了喜悅和力量；而有的人，你靠近他就是一場精神損耗，哪怕是他給你安慰、為你加油，你也會覺得渾身無力。

Z小姐就屬於後者。你要是跟她訴苦，她的每一句話、每一個表情，甚至包括停頓和標點符號都像是在反問你：「這點小事有什麼大不了的？」

你在動態裡說「害怕考駕照」，她就留言道：「不就是打方向盤嗎，世界上還有比這更容易的事情嗎？」

你跟同事抱怨工作的難處，她就會插進來說：「這點苦你就受不了啦？以後你加班、對客戶點頭哈腰，你哭都哭不出來。」說完還會再補一刀：「我看你也不忙啊。」

你跟男朋友吵架了，氣得一直擦眼淚，她卻說：「沒結婚之前的吵架都是扮家家酒。」說完還會語重心長地加一句：「唉，你還年輕，經歷得太少了。」

你近期感覺壓力山大，就表現得有點低氣壓。她就會沒頭沒尾地評價說：「你這就是富貴病，純粹是太閒，要是真的忙起來，看你還有沒有時間去想這些亂七八糟的東西。」

乍聽之下，好像句句有理；但仔細一品，卻發現句句都讓人想把她的嘴巴撕成拖把碎布。

難怪有人在群組裡直接問她：「你信不信，我用一隻拖鞋就能把你打到付不出醫藥費？」

成年人的界線感是一種點到為止的默契。如果我說我在忙，你就不要多問「忙什麼」；如果我說我在吃飯，你就不要追問「跟誰吃飯」。要是能說，我早就說了；又或許不是不能說，是不想說；又或許不是不想說，是不想跟你說。

一個沒有界線感的人就像是一個移動的災難，無論表現得有多睿智都是個笨蛋，無論活到幾歲都是個巨嬰。

所以，不管是家人、戀人還是朋友、同事，都要注意彼此之間的界線感。

家庭裡的界線感是什麼呢？

就是你第一次亂翻不屬於你的東西時，你會受到很嚴厲的批評。與此同時，別人也絕不會亂翻你的東西，就算是父母幫你打掃房間，也會提前徵詢你的意見。

每個年輕人都對那種沒有界線感的親戚或訪客很反感，對家長要求的強迫式打招呼或當眾表演很反感；對沒那麼熟悉的人打探自己的隱私很反感（我有沒有對象，關你什麼事），對未經允許就進入自己的私人領地很反感（是的，隨便看看也不行），對關係沒那麼到位的人強加給自己莫須有的評價很反感（我不需要你為我好）……

愛情裡的界線感是什麼呢？

就是即使雙方懷揣十足的真誠，也能顧及對方的感受，不刻意強調忠誠，不過度強調責任，而是很明白：自己與其他異性的分寸感，就是另一半的安全感。

就是雙方既能彼此惦記，也能留足距離，給男性冷卻的空間，給女性聆聽的耳朵。

友情裡的界線感是什麼樣子呢？

就是我知道你笑容背後的悲傷，明白你怒火裡隱藏的善良，了解你沉默下來的原因，我會陪著你，但我沒辦法保佑你。

在我面前，你可以像個潑婦一樣罵人，可以像個瘋子一樣抱怨，可以像個小朋友一樣哭出聲來，也可以安心地睡一覺，但你不能指望我能救你。

我絕不逼你說你不願意講的那部分，也絕不會給出無須由我承擔責任的爛建議，我就是在你旁邊陪著你，至於你要做什麼，悉聽尊便。

職場中的界線感是什麼？

就是身居高位也不咄咄逼人，心裡不爽也不過度傾訴，一時風光也不故意炫耀，流言四起也不打聽隱私。

就是你的事情歸你，我的事歸我，至於獎金為什麼這樣分，那個人憑什麼升職，某某為什麼那麼討人厭，別人的事情你去問別人，主管決定的事你去請示主管。

至於某些人最喜歡用的那句「你知道嗎？」一，說實在的，我一點都不想知道。

我所理解的「界線感」就是，和前輩、主管親密無間，傾聽但不唯命是從；和晚輩、下屬亦師亦友，關愛但不越俎代庖；和家人、合作夥伴唇齒相依，緊密但不混淆公私；和朋友、戀人肝膽相照，理解但不越雷池半步。

哦，對了，還有一種人，你也要特別小心。

比如另一半沒買禮物給你，他就勸你分手；主管和你的意見不一樣，他就勸你辭職；和朋友有點矛盾，他就勸你絕交……這類人最擅長的事情就是毀掉一段關係，而不是幫你解決問題。可你別忘了，他並不需要對後果負責，所以一定要小心甚至遠離這種人。做一桌菜很不容易，但把桌子掀翻很簡單。

3

再講三個有意思的小故事。

第一個故事發生在武則天當政期間。武則天曾下令禁止屠殺牲畜，期間，有個叫張德的官員喜得貴子，就殺了幾隻羊宴請親友。然而在宴席上，有個叫杜肅的客人偷偷藏了一塊羊肉，第二天向武則天告發了張德。

大殿之上，武則天特別淡定，首先恭喜了張德，當張德叩謝的時候，她又補了一句：「聽說你的宴席上有肉？」張德嚇得跪地求饒，然後武則天拿出了那塊肉，並且把杜肅的摺子公之於眾。

武則天對張德說：「我雖然下令禁止屠宰，但是喜事不在禁令之內，你以後宴請朋友，一定要認真挑選。」

第二個故事發生在我大學畢業那年。剛進一家新公司的我認識了一個高高瘦瘦的男生，因為我們年紀相仿，而且他特別熱情且健談，對於我這個剛到陌生的公司且不善言談的人來說，當時覺得特別幸運，感覺自己一下子遇到了知音。

當時的我們無話不談，大到人生抱負，小到對公司主管的意見、對某某同事的看法，當我天真地把自己的內心話和盤托出之後，才後知後覺地發現：我不太喜歡的人越來越不喜歡我了，而他卻和那些人打成了一片。

我這才意識到，他的熱情和健談就像魚餌，而我就是那條蠢魚。

第三個故事是一位讀者的傾訴，暫且稱她為Q小姐。

Q小姐是一家培訓機構的老師，辦公室裡除了她之外，還有兩男一女。有一天，女老師的手機響了，但人沒在，一個男老師就慫恿Q小姐去接一下，還說萬一有什麼急事呢。

Q小姐猶疑了一下，還是去接了。結果剛接通，那個女老師就進來了，看見Q小姐拿著自己的手機，女老師瞬間就爆炸了，對Q小姐一頓劈頭蓋臉地臭罵。

Q小姐急得不知道如何解釋，轉身望向剛才慫恿她接電話的男老師，結果人家淡定地滑著影片，這一切好像全然與他無關。

這些人品拙劣的傢伙提醒了我們：不能什麼話都跟別人講，你說的是心裡話，別人聽的可能是笑話；也不能什麼事情都「照辦」，你以為是助人為樂，當事人卻感到了冒犯。

你大可不必因此去懷疑自己的善良和真誠，善良和真誠永遠都沒有錯，錯的只是沒有分清對象，所以你該反省的只是自己看人的眼光。

我的建議是，不要勉強自己跟志不同、道不合的人合得來，不管是陽關道，還是獨木橋，狹路相逢了，客客氣氣地讓過去就好了。就好比說，我喜歡臭豆腐，你喜歡噴香水，我們就互相離遠一點，誰也別熏到誰。

需要特別提醒一下：當你的朋友願意在你面前展現他的疲憊和游離時，請首先將這種情況視為「信任自己」，而不是視為「怠慢」或者「沒教養」。

與此同時，不要抱著「一段關係必須像遊輪一樣豪華且穩固」的期望，到了一定的年紀，你就應該知道，鐵達尼號也是會沉沒的。

4

設立邊界之所以難，是因為說「OK」會獲得「回報」，比如一個微笑，一句謝謝，一個承諾。

而說「NO」則會遭到「懲罰」，比如看見對方因為失望而皺眉，因為被拒絕了而翻白眼，因為願望落空而顯得「很受傷」。

那麼，我們該如何優雅地建立自己的邊界呢？

第一，你要把自己的感受放在首位。

在任何一段關係中，都要優先考慮「我願不願意，我喜不喜歡，我開不開心」。這聽起來很自私，但是，人只有把自己的情緒伺候好了，才會有積極的態度去向這個世界傳達善意，才能把爸爸、媽媽、丈夫、妻子、朋友、同事、子女等各式各樣的角色扮演得更好。

所以，如果你感到為難或者覺得被冒犯了，就要坦然地告知對方：「不行，不可以，我不想。」

在某些場合，針對某些人，「我不想」可以作為拒絕別人的理由，而且是非常正當且有力量的理由。

第二，別不把自己當外人。

無論是對父母、朋友還是伴侶，都要有分寸。

你爸爸把信用卡給了你，讓你隨便花，但你想買什麼東西之前都應該告訴他一聲。

你媽媽換了個新髮型，你覺得不是很好看，但她顯然很開心，那麼你就不該實話實說。

閨密跟你吐槽了她的對象，你陪著她，聽她說就夠了。如果你激動地勸她「分手吧」，結果第二天人家甜甜蜜蜜地約會，而你卻裡外不是人。

第三，嘗試說「不」。

不敢正面抗爭，不能一下子做到稜角分明，那就一點點地把邊界建起來，就像是修築萬里長城，一有機會，你就應該放一塊磚頭上去。

比如別人提了兩個要求，你只答應其中的一個；別人問了兩個煩人的問題，你只回答其中的一個；別人跟你借五千元，你只借兩千五百元。

第四，不要因為「顯得不夠善良」就勉為其難地「助人為樂」。

助人需要遵循三大前提：

一、幫助別人是你發自內心的，同時是別人明確提出了請求，不要把「不被要求的慷慨」視為偉大。

二、幫助別人是基於你自身的能力、精力和時間都有富餘，如果對方的要求超出了你的能力範圍，你就應該坦誠地拒絕。

三、不能破壞自己的原則。千萬不要為了一顆「聖母心」就盲目地想要「普度眾生」，因為所有的惡果都得由你自行承擔。

我不是要你不講人情，也不是教你自私，而是希望你明白：人在得寸進尺這件事上，總是能夠超常發揮。所以要保持稜角，要在虎狼之間隨意切換。

當你能做到毫不猶豫地拒絕別人卻不心生內疚的時候，就是你快意人生的開始。

最後，望周知：

一、我脾氣好，不等於我沒脾氣。

二、我脾氣不好，不等於我人品有問題。

三、我表面上大剌剌的，不等於我不記仇。

四、我有密集恐懼症，不能接近心眼多的人，如果你覺得我在疏遠你，你的感覺很對。

五、成年人之間該有的默契是，「我沒說同意」就等於「我不同意」。

04 關於心態：不停止精神內耗，再多的養生都是徒勞

1

先講兩件最近發生的小事。

我家樓上住著一位八十多歲的老太太，每次下樓散步，我總能碰見她，次數多了，我們就會閒聊幾句。從老太太的口中得知，她現在住的是女婿家，因為性格和生活習慣的不同，女婿總想把她送到養老院去，但老太太堅決不去。

我當時問了一個很蠢的問題：「那您住在這裡，不覺得彆扭嗎？」

老太太的回答差點沒把我笑死，她樂呵呵地說：「我才不彆扭呢，我要活到一百歲，氣死

他們。」

第二件事來自一個女生的訊息。她對我說：「老楊，快罵醒我，我已經在心裡咒罵了主管十萬八千遍，還是沒辦法解恨。」

我回她：「假設罵一遍需要浪費一秒鐘，死兩百個腦細胞，那麼你已經浪費了三十個小時，死了兩千多萬個腦細胞。這意味著你的正事一點都沒做，而且腦子還嚴重受損了。」

人要有放下的能力，不依不饒就是畫地為牢。

所以，不要急，不要怕，不要臉；該吃吃，該睡睡，愛誰誰。萬事就一個原則：我高興就好。

2

加社群好友的時候，我被一個網名笑岔氣了，我要說的是「不怕開水燙」小姐。她其實是一個很好看的女生，但比長相更讓人難忘的是她的「想得開」。

去咖啡館喝咖啡，她把車子停在馬路對面，喝到一半的時候，只聽「砰」的一聲響，一輛車從側後方撞到她的車，她跑跑跳跳地過去，看著被撞到變形的車子，她的第一反應不是報警，也不是去找肇事司機，而是拿出手機錄了一段影片，再配上搞笑的音樂發了動態。

有人批評她：「人家這麼慘，你居然還要惡搞？」

她回覆道：「這是我的車。」說完忍不住當眾大笑了起來，就像一輛無視交通規則的汽車，正狂奔著闖過全世界的紅燈。

陪媽媽逛街的時候，她的錢包被小偷摸走了，她非但沒有陷入無盡的「要是……就……」的哀怨中，反而還去安慰急得跳腳的媽媽：「山上的老和尚有說，東西丟了，是替我擋了災，不用難過。」

騎著共用單車去幫同事買飲料，她排了一個多小時的隊，終於打包好了，結果在轉彎的地方被一個逆向的送貨員撞翻了。

送貨員不停地道歉，她卻不慌不忙地把地上已經破了但還沒灑完的飲料撿起來，自己猛吸的同時，還遞了一杯給送貨員。

然後說了一句超帥氣的話：「來，乾了這杯，這件事就過去了。」

反正事已至此，反正木已成舟，再多怨天恨地都是徒勞。既然不得不被生活戲弄一下，那就配合著哈哈大笑吧。

如果你一直把目光鎖定在當下的不幸和損失裡，那麼你活得就像是深吸了一口氣，要一直憋著，時間越久，你就越難受。

吃不下就不吃，睡不著就不睡，錯過了就揮手，得不到就算了，倒楣了就認栽，被碾壓了就暫時躺平，死不了就再撐一會。

這個世界沒有真正快樂的人，只有想得開的人，對他們而言，受挫一次，不是元氣大傷一次，而是對生活、對人際關係的理解更深一層。

失誤一次，不是又挨了一次責罵，而是對人生、對工作的領悟又上了一個臺階。

不幸一次，不是損失了不少，而是對命運、對無常的認識更成熟了一些。

磨難一次，不是身心受苦了一次，而是對成功、對欲望的定義又通透了一點。

要永遠相信，所有的山窮水盡都藏著峰迴路轉，就算是一地雞毛也能搓出一支撢子。

3

不知道是誰發明了「但是」這個詞，讓「虛偽的說辭」和「殘忍的真相」能夠切換得如此自然。以至於每次聽老闆講話，祝先生都會非常認真地等著「但是」之後的內容。

祝先生的腦子裡似乎有一個不安的泥潭，每天需要非常努力和小心才能涉險過關。

他跟我說：「我太敏感了，總覺得自己不夠好，每次看到別人表情不好看、情緒不對勁，我就會懷疑是不是自己做錯了什麼。我是不是有毛病啊？」

我回覆道：「敏感才不是毛病呢！它讓你能夠輕易地察覺到旁人細膩的情感、不被注意的動作、微妙變化的情緒。敏感是一種天賦。」

因為你敏感，所以你總能第一時間察覺到別人的需求，這讓你成了一個很貼心的人，這種貼心就像你媽媽到現在還是會把魚骨頭剃乾淨了再給你吃。

因為你不合群，在社交場合總是冷場，所以你花了很多時間用於讀書、思考、提升本事，你很多獨到的想法、見解、成績其實都是來源於此。

因為你凡事都往心裡去，把很多人、很多事都放在心裡反覆琢磨，所以你看人、看事的眼光有過人之處，做人做事的態度也總能讓人信服。

但需要承認的是，敏感對你來說是一件很累的事情，就像失眠的時候，你怎麼躺著都不對。

所以，敏感的人要學會找到和敏感共處的方法：你要想像自己的內心住著一個敏感的小朋友，你要照顧好他，要試著理解他糟糕的決策，接納他的缺點，允許他有不磊落的念頭，同時縱容他偶爾的懶惰、拖延和不上進。

唯有你內在的小孩健康成長，外在的大人才能披荊斬棘！**一旦你停止羨慕別人，更多的是欣賞自己，那麼根本就不存在長相平平和出身平平這回事；一旦你停止討好別人，更多的是忠於自己，那麼根本就不會有斤斤計較和耿耿於懷這種事。**

那麼你呢？

每次跟人說話，你都顯得很緊張，一說完就懊惱：「唉呀，別人說話怎麼那麼自然、那麼機靈，我怎麼就這麼笨呢？難怪大家不喜歡跟我聊天。」

每次做決定，你都很糾結，腦子裡有兩個小人一打就是一整天。

正經事一點都沒做，但感覺上卻是「好累啊」。

室友對你說：「你是不是該倒垃圾了？」結果你一整晚都沒睡好，一直在想：「她是不是覺得我很懶？」

和朋友約好看電影，換了好幾個電梯也沒找到她，就很擔心她嫌自己傻，不想和自己玩了。

熬夜趕工的文案，交上去之後覺得有個用詞不太好，害怕老闆會揪出來。過好幾天了，心裡一直惴惴不安。

被人告白的時候，你怕他是開玩笑的；被人喜愛的時候，你又擔心不能長久；跟剛認識的朋友多說幾句話，你就怕別人嫌你煩；在喜歡的人面前，你又覺得自己不好看；一旦你的滔滔不絕沒有得到熱烈的回應，你就在心裡偷偷保證下次一定閉嘴。

更有甚者，會逼自己喜歡的人離開自己，然後盼著他回來；會故意遠離某個人，然後期待對方主動靠過來；會把內心的城牆修得又高又牢，卻又希望有人能夠不懼艱辛地越過城牆來愛自己。

結果是，你離岸越來越遠了，以至於你的求救看起來像是告別。

一次次的自我懷疑，慢慢累積成了「我還是不說話比較好」。於是，你有想法也不敢表達了，被誤會也不敢解釋了，有好玩的事也不敢分享了，因為擔心「一說就錯」，因為害怕「一開口就被人取笑」。

一次次的自我拉扯，慢慢變成了「好煩」、「好迷茫」、「好焦慮」。於是，再重要的事情你也靜不下心去做，再簡單的選擇你也沒有把握去選，因為害怕「我這樣做是不是看起來很傻」，因為擔心「我這麼做會不會得罪了那個誰」。

可問題是，為什麼非要盯著自己的弱點呢？你不能像別人那樣飛，那就用你擅長的跑，跑不過就爬，爬不過就蠕動。總之，要把注意力放在自己的長板上，而不是用自己的短板去跟別人的長板比。

慌了，輸了，累了，乏了，就對自己更好一點。

人是一開心就會充滿能量的生物，所以遇到麻煩就逗逗自己；人是一被誇獎就會成長的生物，所以遭遇瓶頸就多誇誇自己；人是一旦感到被愛就會開花的生物，所以感覺孤獨就抱抱自己。

反正我的獨家祕笈是，每當我的腦子裡出現了消極或者糾結的苗頭，我就會像個算命先生一樣遞一支上上籤給自己，然後自己解籤：「我感覺你最近有好事發生，我感覺各路財神正在從四面八方向你而來，我感覺健康和幸福都做好了進入你生命的準備，我感覺你的好運氣正在派送中……」情到深處時，我甚至還會對著鏡子，把大拇指放在食指的第二節。

4

為什麼你總是開心不起來？

因為你的大腦總是命令你去做兩件根本就沒有答案的事情：一是糾結已經發生的，但你並不滿意的某件事，比如吵架、告白、辯論、別人的請求，又或者只是在路上簡單跟某人打了個招呼；二是憂慮尚未發生的，但你又無法掌控的某些事，比如健康、運勢、感情、選擇等。

很多人都有「想太多」的毛病。

和男朋友吵了一架，心路歷程是：

吵完十分鐘：「我不想理他，但他居然都不主動來找我，怎麼辦啊？」

吵完一個小時：「我只是想讓他認個錯，哄哄我就好了，可是他已經一個小時沒找我了，唉呀，煩死了。」

吵完三個小時：「他是不是早就想分手了？哼，分就分吧！」

吵完五個小時：「哼，我早就猜到他和前女友還藕斷絲連，他肯定是早就想甩了我。混蛋！」

吵完五個小時零一分鐘，男朋友打電話來了：「喂，親愛的，剛才老闆找我，一直忙到現在才搞定，你別生氣了好不好？」

你看，人家只是暫時沒辦法跟你聯繫而已，而你卻拚命地腦補、加戲，然後不斷地誇大，最後把自己氣個半死，對方卻渾然不知。

加了某個厲害的人的通訊軟體帳號，你跟他打招呼，但對方好久都沒有回覆你。於是你的心路歷程是：

一分鐘沒回：「他怎麼不回我呢？是不是因為我太唐突了？」
五分鐘沒回：「是不是我說的都是廢話，讓人尷尬了？」
十分鐘沒回：「他那麼優秀，大概是覺得和我聊天沒意思。」
一個小時沒回：「肯定是我沒啥價值，根本吸引不了他，總之就是我不配……」
一個小時零一分鐘後，前輩終於回你了：「哈哈哈，不好意思呀，剛剛在開會，不能帶手機的那種。」

你看，人家只不過是「暫時沒辦法回訊息」而已，而你卻得出了「我沒用，我沒有吸引力」之類的糟糕結論。

類似的還有，約會不小心遲到了，你就擔心朋友會覺得自己是個不講誠信的人，然後一直很緊張、很自責。

上班的時候和主管打招呼，他卻沒看你，你就想是不是自己在工作上犯錯了，所以不被老闆看好，甚至開始擔心下一次裁員的時候會被炒魷魚。

天氣轉涼的時候感冒了，你感覺肚子不太舒服，就懷疑自己是不是得了大病，於是上網查來查去把自己嚇得不輕。

出行坐飛機，馬上要起飛了，你就浮想聯翩，想像如果飛機失事了還能活下來嗎，甚至開始替爸媽傷心難過。

打敗「想太多」的有效方法是，不要覺得什麼事情都跟自己有關，不要腦補根本就不存在的問題，不要為尚未發生的事情提前擔心。

且不說你擔心的事有極大的機率不會發生，就算將來發生了，也不會是你現在想像的那樣，因為以後的你，不論是心態、能力，還是經驗、格局，都和現在的你完全不同。這就好比說，你現在只是一個遊戲新手，你的裝備都是初級的，你根本就沒必要想怎麼用這些初級裝備去打終極BOSS，你只需安心地累積經驗就好了。

要允許自己有很多問題，暫時還不知道該怎麼辦，要允許自己明明祈求的是草莓，但上天卻給了你地瓜乾這樣的事情發生。

最好的心態是：上天給你什麼，你就享受什麼；上天拿走什麼，你就接受什麼；上天懶得理你，你也別去理他。

5

最後，關於如何「停止精神內耗」的五個提示：

一、不要因為遇到了不公平，就沒完沒了地自我拉扯。全世界通行的規則往往是「幫親不幫理」，如果你過分地追求公平和客觀，無異於自討苦吃。

二、不要因為「某某拒絕了你的邀請，卻和別人一起去玩了」，你就耿耿於懷。當某人跟你說「我不想出去玩」的時候，你就該明白，「和你」兩個字是不發音的。

三、不要因為有人不喜歡自己，你就覺得這個世界不好，而是要做好「一定會有人不喜歡自己」的心理準備。因為人性就是這樣，你混得好了，會有人看不慣你；你混得不好，會有人看不起你。

四、不要因為A和B針鋒相對，你就急著選邊站。全世界的規矩都是「強者只會跟強者合作」，狼與狼之間再怎麼撕咬，對待羊的態度都是一樣的。

五、如果快樂實在太難，那就爭取腰纏萬貫。絕大多數的情緒問題都可以用四個字鎮住——賺錢要緊。

05

關於控制欲：很多人所謂的「為了你好」，只是為了他自己的心情好

1

在商場遇到了K小姐，我剛問完那句「你怎麼一個人逛街」，馬上就後悔了，因為她張嘴就開始滔滔不絕地說她前男友有多討厭。

她說話的時候喜歡跺腳，所以憤慨地講完一段話，大致會跺七八次腳。這讓我打消了「如果能關掉她的聲音該多好啊」的幻想，因為如果真的沒有聲音，場面看起來就像是有個潑婦在凶我。

我盡可能地保持微笑，並反覆斟酌自己說的每個字、詞，生怕自己講錯了一句話，讓她誤

以為我想跟她繼續聊下去。

聽完她抱怨前男友不願意回訊息，不願陪她逛街，不願吃她做的飯菜之後；又聽她數落了前男友切的菜像橡皮擦那麼厚，買的衣服都像三歲小孩穿的那樣幼稚，見到熟人連句場面話都不會講；再聽她強調自己有多愛對方，包括要求前男友刪除通訊軟體裡的所有異性好友，退出所有他前任在的遊戲和群組，要求他在幾分鐘之內從球場回到宿舍跟自己講電話……

突然，她嘆了一口氣，我以為她打算結束談話了，結果她又來了一句：「他是不是從來就沒愛過我？」

我也嘆了一口氣，語重心長地說：「也許不是不愛了，而是心累了，所以愛不愛就變得不重要了。就像是，兩個人之間突然隔了好多座山，他不想再翻山越嶺了。」

她的表情變得更難看了。她想替自己解釋：「是因為他確實做得不好，我才唸他的，菜哪能切那麼厚？年紀這麼大了為什麼就不能穿得成熟一點？襪子亂扔，總叫外送，動不動就熬夜，把身體搞垮了，那人不就廢了嗎……」

我趕緊點頭，並找了個藉口逃離現場。

我的個人看法是，一個在交往的細枝末節上都想控制得嚴絲合縫的人，是不應該談情說愛的，應該坐在路口貼手機保護貼。

他因為愛你而俯首稱臣，可你卻從未賜他平身。在對方看來，你的關心就像是鐐銬，你遞過來的「愛」就像是裝滿了石頭的麻布袋。

有一個控制欲極強的戀人有多可怕呢？

他除了插足你的生活，還會試圖改變你的習慣，干預你的喜好，左右你的裝扮，干涉你的社交。

他不僅不讓你和異性說話，甚至將你幫助異性的行為視為精神出軌；如果有異性在場的聚會，他甚至會跟蹤到現場，還美其名曰：「我不放心。」

他要求你鉅細靡遺地報告行蹤，包括在做什麼和見了誰；你不能違背他的意願，即便是不想參加他和朋友的聚會，都會被質問：「你對得起我嗎？」

他會無死角地窺探你的社交軟體。如果他要看你的手機，你不能有任何的閃躲或者拒絕，否則就是「有問題」。

他幫你的動態按了個讚都能把他自己感動得淅瀝嘩啦，而你只是沒能秒回訊息就會被他說得像該被千夫所指。

更可怕的是，就算分手了，他還不依不饒，一天打五六十通騷擾電話。你把這個號碼封鎖了，他就換個號碼打。你不得已接通了，他就一哭二求三上吊；你狠心拒絕了，他就威逼利誘，甚至以死相逼。

這種人根本就不明白：是個人都不喜歡被控制、被改變、被馴服，即便跟對方說了一百遍「我是為了你好」。

這種人也理解不了：是個人都不喜歡有人為自己犧牲、為自己放棄什麼，因為這些東西夾雜了太多的壓力，會讓人覺得非常不舒服。

這種人的問題在於，沒有溝通和理解，只有猜忌和消耗，以及自以為了不起的「我都是為你好」。

他所謂的「為你好」，潛臺詞是：「你就應該理解我的想法，接受我的做法，按我說的去做。就算你覺得不舒服，那也不是我的錯，因為我的動機是好的，我沒有什麼好反省的，也不必為你的不舒服而自責內疚。」

慢慢你就會明白，很多人所謂的「為了你好」，只是為了他自己的心情好。

2

看過一部很揪心的劇。男主角出生於富貴人家，被父母視為心頭肉，父母都希望男主角能考上最好的醫學院，所以天天逼著他念書。父母對男主角的照料是無死角的，但與細緻入微的照料捆綁在一起的，是近乎可怕的控制。

當男主角考試不是第一名時，母親會以「不許吃飯」作為懲罰；當發現他藏在櫃子裡的飛機模型時，父親會以「耽誤學習」為由當著他的面把飛機模型砸個稀巴爛；而當他的成績下滑時，父母不經商量就把他養了三年的倉鼠扔進了貓籠裡。

父母全然不管男主角的身體糟糕到了何種程度，不顧男主角花了多少時間和精力去做那個飛機模型，也不顧男主角聲嘶力竭地跪地求父母饒那隻倉鼠一命。在父母看來，男主角熱愛的、珍惜的、想保護的一切都是在浪費時間。

在控制欲很強的父母眼裡，子女是他們的私有物品，是用來幫助自己完成人生夢想的工具，是糟糕婚姻和失意人生的出氣筒。

這樣的父母對子女非常慷慨，甘願為孩子放棄自己的生活，可以傾盡所能給孩子他們能給的一切，甚至會毫不猶豫地在關鍵時刻為孩子犧牲自己，但這種「濃度極高」的付出隱藏著「附加條件」，那就是「你必須聽我的」。

在控制欲的操縱下，很多父母顯得前後矛盾。

小時候希望子女百依百順、聽話好管，長大了又嫌子女太過溫良恭謙、不爭不搶，還語重心長地說「你這樣在社會上吃不開」。

小時候教育子女要志存高遠，要當大科學家、大企業家、大藝術家，長大了卻嫌你好高騖遠、不切實際，還一臉嫌棄地說「做什麼都比不上在老家當個公務員」。

小時候把女孩當男孩養，學武術、學航空模型，逼著女兒選理科、讀研究所、讀博士，說「學無止境」，畢業了就想要女兒趕緊回歸家庭、相夫教子、安於廚房，還跟著外人起鬨說女兒「沒有女人味」。

更詭異的是：

父母都希望子女能夠聽話，卻都聽不進去子女說的話。

父母都希望子女能夠快樂，卻又反對子女做他們覺得快樂的事情。

父母一輩子都在為子女做牛做馬，為子女遮風擋雨，然而也正是這樣的父母，後來變成了子女成長路上的風風雨雨。

以至於當子女反抗父母的操控時，這些父母滿腦子都是問號：

「你吃我的、用我的，連身體都是我給的，有什麼資格跟我對著來？」

「我都為你付出這麼多了，你居然還跟我頂嘴？」

「我把所有的一切都給了你，你居然不照我說的做？」

「我所做的一切都是為了你好，你到底還有什麼不滿意的呢？」

一個控制欲很強的父母意味著什麼呢？

意味著他們與孩子說話時慣用命令式的語氣，而家庭教育主要以「打擊」為主。他們不會詢問孩子的意見，也幾乎不會跟孩子商量什麼。

意味著他們經常忽視孩子的感受和想法，只按照他們的判斷幫孩子安排一切，無視孩子的隱私和自由。他們眼裡的孩子永遠做不好一件事、想法是幼稚可笑的、興趣愛好是在浪費生命，並且不停地拿子女的缺點跟別人的優點做比較。

意味著這個家庭是易燃易爆的，一點小事就會雞飛狗跳，而且火氣會輕易燒到無辜的人。比如家裡有兩個孩子，罵完大的，小的也一定會遭殃。

意味著在這種環境下長大的孩子會很自卑，會習慣性地把過錯往自己身上攬，會害怕別人不高興，會質疑自己所有的選擇，會輕易陷入自卑、無助、迷茫中，變成焦慮的行屍走肉。

這樣的父母不可能教育子女什麼是耐心、寬容、理解、尊重，所以當他們的子女長大成人後，就很難對年老的他們有耐心、寬容、理解、尊重。

而這也解釋了為什麼很多父母在年老體弱的時候會突然對子女低聲下氣、唯唯諾諾。

人最大的悲哀莫過於，做小孩的時候，要小心翼翼地討好父母；做老人的時候，又要小心

翼翼地討好孩子。

如果在孩子小時候，你跟他講解問題時一直有耐心，能心平氣和，那麼現在就不必小心翼翼地向孩子學習怎麼使用智慧型手機。

如果在孩子小時候，他丟了零用錢、弄壞了東西，你能不斤斤計較，能給予他安慰，而不是辱罵、打擊，那麼現在，你就不必因為被電信詐騙而小心翼翼地解釋好半天。

如果在孩子小時候表現出對某種食物的偏愛或厭惡時，你能好好溝通、探究原因，試著引導，而不是簡單粗暴地指責批評，那麼現在，你就不必面對眼前難以下嚥的營養品，還要小心翼翼地解釋自己真的不喜歡這個味道。

如果在孩子小時候想踢球時，你沒有拿著棍子逼他練鋼琴，那麼現在，你就不必小心翼翼地告訴孩子「我不想去社區大學拉二胡，我就想去公園裡跳廣場舞」。

想對全天下的父母們說的是，從你強勢干涉子女的那一刻起，你的子女就成了受害者。你傳達給他們的訊息是：「你不行，你自己不能解決這個問題，你需要我來替你處理。」

這種過度控制所造成的傷害，不只是發生在當下，它還會貫穿歲月，像一根針一樣深扎在子女的心頭。

父母與子女之間並非占有的關係，而是一場有始有終的緣分。做父母的不能讓孩子在童年時感到貧瘠，也不能讓孩子在長大後覺得窒息。所以，在孩子小的時候要給予充分的關愛，在孩子長大後要學會得體地退出。

不要讓本該溫暖的親情變成了附有一堆條件的冰冷交易，也不要讓本該偉大的愛變成了道德層面的博弈。

好的家庭關係是，彼此獨立，但在感情上互相支持；而糟糕的家庭關係是，互相瞎攪和，但在情感上無法溝通。

還記得那則公益廣告嗎？如果你換一下字與字之間的順序，就會有兩種截然不同的態度：

「什麼都不能跟人家比，誰像你一樣沒有用啊。」

「沒有誰能像你一樣啊，不用什麼都跟人家比。」

3

有個著名的兒少節目主持人講過一個特別有意思的故事。十幾年前，因為她老公總是不配合她教育子女，所以她就帶她老公去看心理醫生。在她看來，自己天天研究兒童心理、家庭教育，外行的老公為什麼就不能配合一下呢？

她試圖透過看心理醫生來改變老公，但心理醫生卻找他們倆單獨談話，其中有句話影響了她未來十幾年的夫妻關係。

醫生說的是：「我見完你們兩個人之後，發現你老公一點問題都沒有，都是你的錯。」

十幾年後，她突然跟老公談起這件事，就問：「當年那個心理醫生跟你說的是什麼呀？」

她老公笑呵呵地答：「他跟我說的，和跟你說的，是同一句話。」

你對某人的表現感到失望，往往是因為對方沒能滿足你的期待，但事實上，你的期待本身才是問題所在。就好比說，辣椒本來就是辣的，你就不該因為它辣就說它「死性不改」。

不要因為別人不能成為你希望的那種人就憤怒，因為連你自己都很難成為你自己所希望的那種人。

也不要總是抱怨：「你為什麼就不能改一改你跟我說話的語氣呢？」、「你為什麼就不能配合我一下呢？」、「你為什麼總是那樣，為什麼不能體諒我一點呢？」、「我都這麼累了，你為什麼就不會心疼我一下呢？」

你只需記住一個原則：誰痛苦，誰改變。

一切心累的感覺都源於你內心的控制欲——總想對自己說算了的事情說了算。

你覺得是朋友就應該要聽你倒苦水，你覺得為人子女就應該滿足父母的期待，你覺得做人妻子就應該做好家務，你覺得是個男人就應該養家糊口。

你覺得「應該」的事情越多，你就越不懂得珍惜和感激，你就越習慣於輕視別人的努力和價值，你就有越多的不滿。與之對應的是，對方越付出越不甘，越努力越覺得無力，越是被你嫌棄就越嫌棄你。

你的腳本該穿三十八號的鞋子，卻因為遇到了一雙款式和顏色都超喜歡、但只有三十七號的鞋子，你還是決定買了，安慰自己說：「多穿幾次就撐大了。」但穿了幾個月之後，你就會懊悔自己當初的錯誤選擇，後悔這幾個月為它受的罪。

從那之後，你再買鞋子時，不管多好看，都只會選擇三十八號的，因為你明白了，喜歡和合適是兩回事。

我的意思是，你喜歡什麼樣的人，就去追求什麼樣的人，而不是輕易地開始一段感情，然後拚了命地把對方改造成你喜歡的樣子。

就好比說，你喜歡貓，就要接受牠掉毛、鏟屎麻煩、偶爾煩人和偶爾黏人，而不是只接受牠的乖。

最好的心態是：我改變不了別人，就試著改變我自己；我改變不了事情，就試著改變自己對這件事的看法；我避免不了傷害，就想辦法讓這次的傷害降到最低。就算我暫時對周遭的一切毫無辦法，我也會試著去改變一下髮型，改變一下家居的佈置，改變電腦桌面或者整理資料夾，改變心情或換一種風格的背包……

有了這樣的心態，做父母的也許會失去一個完美的孩子，但會擁有一個快樂的孩子；做伴侶的可能無法擁有一個滿分的另一半，但會擁有一段快樂的在一起的時光。

我們普通人對世界最大的貢獻，就是讓自己快樂一些。不跟人做比較，不對人抱太高的期待，以及不試圖去改變誰，關心但不能介入，理解但無須苟同，依賴但絕不拖累，擁有但不會控制。

4

哦，對了。特別提醒三點：

一、張三對流浪貓很友好，不代表張三對人也好；李四對朋友很仗義，不代表李四對戀人會很專一；王五對父母很孝順，不意味著王五會對妻子溫順。一件事只能代表一件事，不要用完美的想像去腦補你對某個人的期待。如果交往之後，你發現某個人跟你想的不一樣，這只能說明你最初的預設崩了，而不是別人的人設崩了。

二、如果一個人口口聲聲說希望你幸福，卻催著你進入一段連你自己都不太確定的婚戀關係，那麼他要嘛是不理性的，要嘛就不是真心為你好。

三、狠心去幫阿貓阿狗們結紮的鏟屎官們，不要總強調你是為了牠們好，你只是為了自己好。

Part 2

別傻：先一個人活色生香，再兩個人相得益彰

愛情只是你的社交生活，不是你的生活；
結婚生子只是你的人生選擇，不是你的人生。
所以請你，先一個人活色生香，再兩個人相得益彰。
你把自己準備好了，再遇到那個人時，就像是，盛裝出席。
反之，將愛情拿來治病的人只會病得更重。

06

關於被愛：「我愛你」的意思是，你具備了傷害我的能力

1

你知道跟什麼樣的人在一起最委屈嗎？

就是不管你們之間發生了什麼矛盾，他都覺得自己沒問題。

他從不反思，也不顧及你的感受，即使他知道自己錯了，也會找到各種理由為自己開脫。

他從來不會主動服軟，而是習慣性把自己偽裝成受害者，再把所有的責任都推到你的頭上。

更讓人生氣的是，身邊的人都覺得他可好了，都覺得是你在無理取鬧。

到最後，不留情面的是你，脾氣糟糕的是你，不想好好過日子的還是你。

他總以為，是因為他把你拍醜了，所以你才生氣的。

其實大多數時候，你生氣的原因不在於他的拍照技術，而在於他不承認自己拍照技術差的同時，還要補一句：「你就長這樣。」

他總以為，是因為他說話不算數，所以你才傷心的。

其實你傷心的點不在於他沒辦法兌現承諾，而是在他不斷給希望又不斷落空之後，你不能再提這檔事，一旦你提了，就會被他指責：「你為什麼就這麼不通情達理呢？」、「你為什麼就不能理解我一下呢？」

他總以為，是因為他沒陪你，所以你在跟他偷偷較勁，所以總是沉默。

其實你是因為失望，所以慢慢在疏遠他。不被他重視的每一秒，你都在往後退。

他有意無意地嫌棄你的矮、胖、醜、窮，認為你這樣的身材、長相、出身，就只有他能接受。他不知道的是，他嫌棄的人，其實是另一堆異性眼裡的女神。

他說你這也不行、那也不行，把你說得像個廢物。他不知道的是，對他百般討好的你，其實是某個家庭的心肝寶貝。

他不知道你用他的帳號玩遊戲的時候，發現了一些他和異性曖昧的東西；他不知道你感冒燒到三十九度的時候有多難受，他不知道你等他訊息的時候會哭出聲來；他不理解你為什麼會突然難過，為什麼會突然生氣，為什麼要突然分手，因為他不知道你經歷了怎樣的失望和絕望；甚至是在你忍住沒聯繫他的日子裡，他可能也在慶幸你沒有去煩他。

感情裡最失敗的一種人就是：讓愛他的人覺得自己瞎了眼，讓不圖他錢的人受盡了委屈，最後還不知道自己錯在哪。

那你知道愛情裡最卑微的樣子是什麼嗎？

就是他很久沒理你了，很久沒有好好跟你說話了，你明明難過得要死，明明下定了決心不再理他，可是他一傳訊息給你，你就開心得像是什麼事都沒有發生過一樣。

你最大的驕傲也不過是故意晚幾分鐘回他，結果他又不理你了，於是你開始反思「是不是我剛才回得太慢了」。

嘖嘖嘖。

我們對一個人的失望，很大程度上是對自己失望，失望的是，為什麼要相信？為什麼要記得？為什麼要期待？

2

情人節那天中午，燕子發了一則動態：「去談戀愛吧，把人談傻，把心談碎，把錢談沒。」

我前腳幫她按了個讚，她後腳就問我：「老楊啊，你說說，一個人不接電話，不回訊息，卻發動態，這種『已讀不回』的行為是不是應該判定為『故意傷害罪』？」

我回了幾個捂臉笑的表情，然後又補了一刀：「你說他已讀不回，其實他已經回了，他回的是『我不想回』。」

是男生追燕子的，是燕子提分手的，因為燕子知道，是他想走。

「驕傲」沒過三天，燕子就放下了自尊，像個敗軍之將一樣瘋狂求饒，情緒上頭的時候，她也曾惱怒地問：「我何德何能，讓你這麼明確地不喜歡我？」

可對方除了說「在忙」，沒有留一絲一毫迴旋的餘地給這段感情。

讓她徹底清醒的是那次地震，她瘋狂地往樓下跑，然後第一件事情就是打電話給男生，可對方都拒接了。

她急得不行，就借了室友的電話打過去，對方接了，聽出是她，語氣冷漠得就像是在接一通煩人的推銷電話。

那天晚上，燕子又去找男生了：「嗨，我又厚著臉皮來了，最近學會了一個魔術，特別有意思，想表演給你看，咻，我從你的世界消失了。」

然後就把男生封鎖了。

什麼叫失望？就是你覺得那是理所當然的，到他這裡就變成了強人所難。

什麼叫絕望？就是如果你能嫁給他，你會覺得很幸福；但如果他娶了你，他不覺得。

你講了一整晚的笑話，他最後只回了一句「晚安」；你傳了一整天的心裡話，他只說了一句「我要去吃飯了」。

你找他討論，他阻止了你的表達；你和他溝通，他迴避了你的交流；你賭上了自尊去挽留，他處處流露著敷衍和不耐煩。

你感覺失去他是莫大的遺憾，而人家感覺沒了你是解脫。他早已春色搖曳，而你仍是一身舊雪。

對方已經不愛你了，你不管做什麼都沒有用，哭沒用，鬧也沒用，因為你威脅不到一個已經不在乎你的人。

我知道你不甘心，知道你意難平。追你的時候，死纏爛打找你聊天的是他；過節的時候，把鮮花和禮物送到你樓下的是他；下雨天，冒著風雨幫你送傘的是他；生日的時候，守到半夜十二點傳祝福給你的是他；情到深處，信誓旦旦說這輩子要娶你的是他；跟人有摩擦了，袒護你的是他；受挫了，一直陪著你、安慰你的也是他……

他愛你的時候，忙到加班也會對你說有空，不管你去哪裡都跟你順路，凌晨四點也可以陪你看星星；而他不愛你的時候，洗澡能洗一整夜，吃飯能吃一整天，晚上八點就睏了。

為什麼還要假設「會在一起」的可能？為什麼非要在玻璃渣裡找糖吃？是細節不夠傷人，還是敷衍不夠明顯？

為什麼還在賣力地提醒他「你應該這樣那樣做，我才會開心，我才會原諒你」？他不是不會，他一開始不是做得很好嗎？他只是不想！

一個人不愛你的時候，他最大的魅力，就是你的想像力。

不用到處問「放不下怎麼辦」、「忘不了怎麼辦」，你沒辦法，別人更沒辦法。你就繼續熬吧，也許等來了他的回心轉意，也許等來了你心死得徹底，兩個都是好消息。

更不要鬧情緒。賺錢、健身、培養氣質，哪一樣不夠你忙的？

3

有時候，你不認真地談一場戀愛，你根本不知道一個人的日子到底有多爽。我要說的是童小姐。

童小姐的男朋友長得很乖，也很帥，唯一的毛病是總跟前任糾纏不清。

比如在社交軟體上頻繁互動，比如在遊戲裡「並肩作戰」……童小姐發現之後，冷靜地讓男生做個決定，結果男生消失了一個月，之後告訴童小姐已經處理好了。

童小姐本來是打算原諒他的，但是在男生的社群帳號裡發現了端倪，在童小姐的追問下，男生交代了消失的那個月是和前任來了一場「分手旅行」。

童小姐把男生封鎖了，男生不遠萬里來找她，不停地跟她說對不起。

童小姐只回了一句話：「不要再說那三個字了，如果你實在覺得過意不去，就給我磕個頭吧。」

男生不死心，捧著花在童小姐公司門口等著，還高舉著「我是真的愛你」的牌子！

童小姐被氣笑了，當眾祝福他：「祝你孤獨，且長命百歲！」

感情是偏愛，是例外。如果你給我的，和你給別人的，是一樣的，那我就不要了；如果我

給你的，和別人給你的，你都要了，那我就不給了。

怕就怕，你本來是一條平靜的江河，從未有過波濤，但他來了一遭，掀起了驚濤駭浪，然後消失不見了，留你一個人驚慌失措。

更可恨的是，你心口的傷本來都快要好了，最近也過得還不錯，可他卻突然來「招惹」你一下，說幾句模稜兩可的話，丟幾句似是而非的關懷，接著又銷聲匿跡了。然後，你會以最快的速度黯淡下去，多少束光都照不亮你。

那麼，「放下一個很愛的人」是一段什麼樣的心路歷程呢？

一開始，你假裝不再過問，但其實很難不再去猜；慢慢地，你可以做到不再恨了，但還是很難做到既往不咎；再後來，你的心裡不再空蕩蕩的了，開始恢復了以往的生活節奏，看書、健身、努力工作，不再頻繁地更換簽名檔和大頭貼，不再刻意避開與他有關的事物；最後，你即便是想起這個人，心裡也再無波瀾，這個人於你而言，就像一個認識了很久又失聯了很久的、可有可無的存在。

這就意味著，你接受了驕傲被打倒在地，接受了自尊被碾碎成泥，接受了自己一直沒有存在感，接受了付出只是一廂情願，接受了自己是個徹頭徹尾的笑話，接受了自己哭著鬧著要的那個答案其實就是自己不肯承認的答案，接受了自己的咒罵和怨恨根本就不能傷到對方半分，接受了這個用青春和真心下的賭局自己滿盤皆輸，接受了你和他之間再無在一起的可能。

你全都接受了，就不會還想要贏點什麼，就不會再為這個不相干的人徹夜難眠，就不會因為頻繁地被丟下而頻繁地否定自己。

你接受了分開了就是永遠分開了的事實，所以不會再去做刻舟求劍的蠢事了。

是的，馬路都壓了，火鍋都吃了，長篇大論也傳了，禮物也送了，難過的和質疑的也都講了，原則也表明了，「你對我很重要」也承認了，「舔狗」當過，熬夜時也崩潰過，遺憾的不該是你。

畢竟，為愛乞討不是仙女的作風，心裡和臉上一樣的「無所謂」才是；時間和新歡不是情傷的解藥，漸入佳境的自己才是。

4

社群上有個熱門貼文：「你第一個喜歡的人，現在怎麼樣了？」

有個高讚數的回答是：「不要討論一個死人。」

抖音上有個熱門影片：「是什麼讓你下定決心放棄一個人的？」

有個高讚數的留言是：「當淚水比笑容多，等待比期待多，痛苦比愛情多，最重要的是我愛他比愛自己多。」

如果說「敢愛」是愛情裡最大的冒險，那麼「敢不愛」就是愛情裡最大的自由。

在這個速食的年代，你想不到愛情有多容易發生，也想不到愛情有多容易變質，以至於讓你奮不顧身的愛情，常常也讓你遍體鱗傷。

就像是，扇貝永遠都想不到，保護自己的殼，竟然會變成裝自己的碗。

兩個人走到一起的原因很簡單，無非是年紀相仿、感情豐沛；無非是誰對誰笑了一下，多聊了幾句；無非是近期的交集多了一些，話題都感興趣；無非是不知天高地厚地說了幾句誓言，於是心裡的小鹿不安分了，撞著撞著就迷糊了。

甜膩的時候，他說的是「有你是我的福氣」；膩了的時候，他說的是「有你我真的是服氣」。

愛你的時候，他閒得就像無業遊民；熱情過去之後，他忙得像是聯合國都歸他管。

追求你的時候，他喊的是「我養你啊！」；而有摩擦的時候，他喊的卻是「是我養的你啊！」

希望你早日明白，相愛時說的話只有相愛時才算數，承諾也只有在他還愛你時作數。

怕就怕，你的愛不能單憑幾次心碎就自動停止，所以你把心縫縫補補又愛了他好多年，甚至卑微地在心底吶喊：「我好想你，能見一面嗎？我可以站遠一點。」所以你總是捨不得，總是原諒，總是替他的健忘、敷衍、冷漠解釋，可實際上他記得、他知道，他只是無動於衷。

你說你圖他的錢，可也沒看他買過什麼給你；你說你圖他的長相，可他長得很一般；你說你圖他對你好，可他的「好」空口無憑。如果按「責」論罪，是你罪該萬死！

你所做的一切都像是在吆喝：「你快點看看我，你多喜歡我一點，你多在乎我一些。」你卻沒有做一件能提升自身吸引力的事。

你的情緒完全仰仗於他對你的態度，對你好一點，你就覺得浪漫滿屋；沒回應你或者暫時不在你面前，你的世界就電閃雷鳴。

我想提醒你的是，當你把別人當作精神寄託的時候，你就要做好精神崩潰的準備。

不是早就有人說了嗎？如果你跟一個人談戀愛，需要排除萬難，感覺全世界都在阻撓你，那這個世界就是在救你，趕快逃吧！

想對那個「只是享受被愛」的人說：

你真以為對方是因為無知才死心塌地黏著你的嗎？你真以為對方是沒見過世面，所以明知道你什麼都沒有還願意跟著你的嗎？

不是的，人家不傻，也很現實，知道你有幾斤幾兩，知道買黑糖薑茶、送感冒藥這些都是很廉價的感動。人家全都知道，只是因為這個人是你，只是因為真的喜歡你。

所以，如果你真的不愛了，請直說，別滿嘴謊言又事事敷衍，你這不屑一顧的態度對不起你們當初的相遇和後來的相伴。

人家能接受你不愛了的現實，也能接受你愛上了別人的事實，但接受不了的是，你不愛他，卻又不放過他，一邊心安理得地消耗著他的真心，一邊裝出一副深情款款、難捨難分的樣子來。你要他怎麼辦呢？

如果哪天倒楣，在街頭偶遇了那個噁心的前任，就問候幾句吧：「你最近好嗎？還喜歡無縫接軌嗎？還喜歡吃著碗裡看著鍋裡嗎？」如果他的臉色不太好看，那就再補兩句：「呵呵，我開玩笑的啦，只是突然惦記起你。天冷了，記得多蓋點土！」

5

哦，對了。需要特別提醒兩點：

一、人和人是不一樣的，不是所有的前任都噁心。有的人當你不再愛時，你會冷靜地發現他噁心至極。但有的人，就算分開了，你也依然覺得他幽默、上進、得體、堂堂正正、有情有義。希望你遇到的都是後面這種——即便錯過，也慶幸曾經遇到過。

二、其實你並沒有什麼放不下的人，你只是對那些沒有結果的付出和被浪費的愛耿耿於懷而已；其實你並沒有你以為的那麼害怕失去，你只是暫時沒有一個更好的替代品而已。

07 關於婚姻：一個好的伴侶，可以減去一半的人間疾苦

1

人為什麼要結婚？難道就為了一起結伴吃飯？為了一起還房貸、車貸？為了生個孩子，然後為孩子做牛做馬？

不是這樣的。

因為人生來孤獨，卻又渴望擁有長久的陪伴。

因為所有有風險的事情都需要領個證照才能去做，比如開車、當醫生，當然也包括愛情。

因為單槍匹馬走江湖未免太過孤獨，兩個人攜手並進會更有底氣。

因為生病時有個人能端茶送水，大雨傾盆時有個人能冒雨來接，委屈受挫時有個人借個肩膀，萬家燈火中有個人能等你回家。

還因為那個人是他，所以就算知道要一輩子面對同一張臉很「可怕」，但還是迫不及待地要押上餘生去跟命運賭一把。

婚禮上的那句「我願意」的意思是，「在這路遙馬急的人間，你得到了我完全的、徹底的、無限的、最高的認可」。

2

范范最喜歡她老公幫她抓後背，理由竟然是：「我們充滿靈性的愛情已經變成了靈長類動物之間樸實的愛。」

她還喜歡誇老公，那種強烈想要跟人炫耀的欲望，就像是買了一條超貴的皮帶，即便是穿了羽絨衣，也恨不得要紮進褲子裡。

每次談及老公，范范對不滿的地方隻字不提，眉宇間寫滿了風調雨順。

他們結婚沒多久就有了孩子，所以范范婚後很久都沒有上班，她跟老公說：「我在家帶孩子，不工作，還得花你賺的錢。」

她老公回應道：「你不帶小孩，我怎麼賺錢？孩子有我的一半，我賺的錢也有你的一半。」

生二胎那天，護士把范范和嬰兒一起推出了產房，她老公百米衝刺般跑過來問：「痛不痛啊，難不難受啊？」然後又拉著醫生再三確認：「她是不是沒什麼問題了？產後需要注意什麼？」

至於旁邊的嬰兒，他連看都沒看。

二寶出院的第一天，大寶因為想要范范陪著睡覺而鬧個不停，二寶因為換了新環境而哭個不停，來幫忙的兩個媽媽又因為「該不該逼范范喝雞湯」的問題喋喋不休，看著一家人雞飛狗跳，范范忍不住哭了起來。

就在這時候，范范看了老公一眼，他的眼珠子正在左右轉。范范的心一下子就踏實了，她知道老公是在想辦法。

果不其然，他開始「發號施令」了。他先要大家不要講話，讓一個媽陪大寶去樓上看繪本，讓另一個媽去廚房煮小米粥，而他則抱著二寶靜靜地坐在范范身邊。

僅僅用三分鐘，所有人就像是吃了定心丸一樣安靜下來了，大家從手足無措的狀態突然變得齊心協力起來。

更神奇的是，大寶在看了兩本繪本之後竟然主動說要奶奶陪他睡覺，而二寶也因為吃飽喝足了很快就入睡了。

就在這時候，她老公突然開口了：「親愛的，真是對不起你，你在家比在醫院還累。」

就這一句話，把范范感動得淅瀝嘩啦的，她感覺所有的委屈、難過都在瞬間歸零了。她說：「那一刻，我真的覺得，為了眼前這個男人，我吃多少苦都是值得的。」

人不都是這樣，心裡的苦如果有人能懂，就會自動減少幾分。

真正打動人心的，從來不是甜膩的情話或者昂貴的禮物，而是下意識的惦記、滿眼的憐惜、看得見的在乎、可以溝通的靈魂，以及別人給不了的安寧。

什麼叫我愛你？不是他閒得發慌的時候幫你按個讚，或者在你絕望想分手的時候賣力地挽留你，而是在他眼裡，你和其他人是不一樣的。

就好比說，如果別人問他會做飯嗎，他會說：「我只會煮泡麵。」

但如果是你問他會做飯嗎，他會問你：「你想吃什麼？」

什麼叫真心？不是殷勤地說「我真的好愛你」，或者三更半夜來一句「我又想你了」，而是當你在他面前時，他把你放在眼裡；當你不在他面前時，他把你放在心裡。

就好比說，你想吃糖葫蘆，別人只是殷勤地表示等一下幫你買，然後忘得一乾二淨。而他卻會因為不知道你喜歡吃哪一種，所以一次幫你買了三個口味。

慢慢你就會發現，比起甜蜜的情話、殷實的家境和好看的外表，睡意曚曨時在廚房為你忙碌的背影、出門接你的時候順手帶一件厚外套、在下班的路上幫你帶一份你愛吃的烤地瓜、不在身邊時卻主動告知你行程的安全感，以及在事情很煩的時候表現出來的責任擔當，這些顯然更加動人。

何為愛情？就是你對我來說，和芸芸眾生不同。

何為幸福？就是你開心了，是因為我。

何為溫柔？就是你為我吃的苦，我心裡有數。

3

桃子和她老公一直都是大家心目中的模範夫妻。但很少有人知道，他們在婚後的第二年差點就離婚了，而導火線竟然是一隻鞋子。

那天，桃子加班到晚上九點多，回家的時候整個人都快要累趴了。結果一不小心被老公的鞋子絆倒了，手臂撞到牆上，瘀青了一大片。

桃子一下子就火大了，她大喊著老公的名字，要他立刻、馬上把臭鞋子收好！她老公當時正在看電視，一臉無辜地跑出來，桃子見他頭髮亂得像雞窩，怒火又升了一檔，她咆哮道：「跟你說了多少遍，鞋子要放進鞋櫃裡，你為什麼都不聽？你說你，工作一塌糊塗，生活邋裡邋遢的。你還想不想好好過日子？不想過了就趁早離婚，大家都解脫。」

她老公瞬間被激怒了：「不就是鞋子沒放進鞋櫃裡嗎？你有必要發這麼大的火嗎？想離婚就離吧！」

說完就摔門而出。

因為兩人都知道那是氣話，加上家人的輪番相勸，兩個人最終沒有離成婚。但桃子並不甘心，她想改掉老公身上的臭毛病，想讓他再上進一點，活得再體面一點。但不管她多使勁，她老公都像是故意跟她對著幹：「憑什麼要我改？我這些年不都活得好好的嗎？」

桃子絕望了：「我當年是腦子進水了嗎？怎麼會看上這個人？」

直到桃子遇到一場車禍，在床上躺了三個多月，守在一旁的老公全程伺候，端茶送水，洗衣做飯，毫無怨言。桃子問：「如果我以後癱了，你還要我嗎？」

她老公特別乾脆地說：「當然要。」

桃子痊癒之後，就放棄了對老公的改造。然而神奇的是，當她不再對老公做過多的干涉後，她老公居然自覺地改變了很多。

比如，以前他會把鞋子扔得到處都是，現在回家有很大機率會自覺地把鞋子放進鞋櫃裡；以前泡完澡了，浴巾就隨手扔在浴室裡堆著，現在他十次能有九次會記得把浴巾掛起來。

雖然還是很懶，但是吃完飯也會主動去洗碗了；雖然還是愛玩手機，但遇到兩個人都沒事的時候，他會問桃子：「要不要出去走走？」

這世上從來沒有天造地設的愛情，有的不過是在相互磨合中越來越堅定的兩顆心。白頭偕老的祕密，也從來不是「我們相愛就行了」，還包括各退一步、互相服軟、輪流低頭，以及允許「我是我，你是你」。

不用假裝完美。正是你的不認路，給了另一半當嚮導的機會；正是你的不會做飯，給了對方大展拳腳的機會；正是你的不會化妝，給了他看清你的機會。

你的「小缺點」就像是一個個小缺口，讓那個真心愛你的人通過它們，長驅直入。

不用試圖說服。溝通的目的不是非得達成一致，而是重申：「就算我們觀點不一致，但我們是一夥的。所以不管發生了什麼，我們的關係不會變質。」

更幽默的說法是：我們不需要用達成一致來證明我們愛得深刻、愛得癡迷，而是用保留不一致來證明我們其實還挺能忍的。

不要只顧著抱怨他「從前就像一個史詩裡攻城的無畏戰士，現在變成了躺在沙發上等著吃早餐的大懶蟲」，也許你還應該看到他「將戀愛時的聲勢浩大漸漸變成了婚後的細枝末節」。

比如，他戀愛時會陪你一起淋雨，而婚後就會想著趕回家去收衣服；他戀愛時會挑最好看的背景把你拍得美美的，而婚後更想把你醜卻真實的樣子拍下來；他戀愛時會一擲千金或者不遠萬里為你製造驚喜，而婚後則更願意陪你買新鮮的蔬果或甜點，從清晨到日暮。

兩個人的成長環境不同，想法、性格、愛好、習慣、追求也都不一樣，有摩擦和衝突是難免的，動了分開的念頭也很正常。畢竟，短暫總是浪漫，漫長總有不滿。

想對女生說的是，如果你會因為對方不接你的電話而生氣的話，那麼你就不該無緣無故地不接對方的電話；如果你不喜歡別人打擾你追劇看電影，那麼你就不要打擾別人玩遊戲。如果你的愛情以物質為前提，那你應該去找一個功成名就的男人，而不是去為難一個二十歲的小男生。

想對男生說的是，如果你不想在自己過生日的時候收到你並不喜歡的明星簽名照，那麼你就不要在她過生日的時候送她根本就用不到的機械鍵盤；如果你不希望對方覺得你玩遊戲是玩物喪志，那麼你就不要說她喜歡偶像是無聊至極。如果你的婚姻以對方懂事為前提，那你應該去找一個飽經風霜的女人，而不是去強求一個剛出校園的小女生。

不要總想著要改變誰，也不要因為誰就莽撞地改變自己，借一個有趣的比喻來說就是：「你叫孫稀飯，戀愛或者結婚了，你還是孫稀飯，不要變成孫泡飯、孫米粥、孫熱湯、孫鹹菜、孫油條、孫肉包、孫煎餅。但是你可以因為對方的好而升級為：孫．味道很讚稀飯、孫．看起來很好吃稀飯、孫．香味撲鼻稀飯」。

4

遇到關心的時候，你習慣了每次都說：「我沒事，不用你管。」、「我自己可以的。」、「我冷靜冷靜，明天就好了。」結果你收到了一大堆的「那你一個人小心一點」。

但忽然有一天，有個人對你說：「我不管你，誰管你？」、「你一個人可以，那要我幹嘛？」、「我不會讓你帶著壞情緒過夜的，你所謂的我自己調整，其實是在慢慢疏遠我，我不要你這樣。」

他的話劈頭蓋臉地朝你砸來，把你的心砸得又稀又軟。

遇到意見不合的事情，他會說人話，不冷嘲熱諷，不陰陽怪氣，不動不動就冷戰、擺臉色。他會盡可能耐心地讓你理解他，同時耐心地聽你把話說完，並試圖去理解你為什麼會這麼認為。不會因為面子就硬拗，也不會為了可憐的自尊就倔強。

生活有了難處，他依然淡定地展現他的責任感，不會借酒澆愁，不會破罐破摔，更不會把責任都推到你身上。

他會把你放進他的未來裡，會自覺地拒絕誘惑，會照顧你的感受，不會因為跟你發生了爭吵就把你丟在大街上，不會因為跟你吵了幾句就去找別人談心，也不會在聚會時因為和別人聊得來就冷落你。

即便是新鮮感褪去，他依舊稀罕你；即便是你把事情搞砸了，他依然肯定你。

身邊有個一直鼓勵自己的人實在太重要了，那些看似沒用、甚至有些誇張的讚美和加油，在你每次跌倒時都能救命。

因為這個人的存在，你明白了浪漫不一定非得要一束花，也可以是有人願意聽自己講一堆廢話。

在他這裡，你永遠有臺階下，永遠有衛生紙擦眼淚，永遠有最真誠的鼓勵和最柔軟的懷抱。

只有遇到了這個人，你才會相信：在這自顧不暇的年紀，真的會有人在摸清了你所有的雷點、見識了你的臭脾氣之後，依然還敢蹚你這趟渾水，像傻子一樣。

只有留住了這個人，你才會明白：在這路遙馬急的人間，真的會有人用樸素的喜歡邀你共度良辰，沒有撩人，沒有套路，就是單純地對你好，像慣性一樣。

關於感情，不管是選對了，還是選錯了，都可以算作「如魚得水」，但區別在於，一個是活水，一個是開水。所以千萬不要相信「和誰結婚都一樣」這種鬼話。一個好的伴侶，就算你來自地獄，他也會賣力地把你拉回人間；而一個糟糕的伴侶，就算你是天仙，他也能把你拖進地獄。

5

聽過一則溫馨的小事。有個大叔當了好多年的老師，但他妻子則是一個沒文化的女人。妻子不知道從哪裡聽來的傳聞，就跟大叔說：「冰箱的插頭如果只插一半，就會省很多電。」

大叔聽了也不反駁，起身就去把插頭拔出了一半。

看過一個漂亮的問答。有人問一個女人：「你老公三天兩頭就跟他那幫朋友去打撞球，偶爾還夜不歸宿，你怎麼受得了他？」

女人的回答是：「我和他在一起是為了開心，他出去玩就會開心，然後會因為回家晚而覺得有愧於我，就會對我更好，而我也會因此而開心。與其把他鎖在家裡，看他一臉不爽，我不如放手讓他去玩。我要的是兩個人在一起的高品質，而不是時間上的高數量。」好的感情應該是兩個人一致對外，一起去搞定這個稀爛的世界，而不是在這個稀爛的世界裡，互相搞亂對方的心態。

緣分不像涮牛肉，沒有涮三秒的技巧，「太生」和「太老」才是常態。這意味著，再美好的相遇也難免會有看不慣的地方，有「為什麼不懂我」，有「煩死了」，有「怎麼那麼笨」，畢竟沒有人是天生按照你的需求訂製出來的。

所以，少一些理性的批評指責，多一些感性的偏心維護，生活中沒有那麼多問題非要吵一架才能解決。

切記，從對方的錯誤當中找出自己的責任，是相愛到白頭的最好方法。

你想讓另一半成為什麼樣的人，你就該用相應的態度去對他。如果你想讓他有自信，你就多讚美、多支持；如果你想讓他自卑，你就多打擊、多潑冷水。對方一定會如你所願的。

但換個角度來說，如果你發現對方很喜歡抱怨，經常自卑，偶爾不信任你，那麼你就該反省一下：是不是在不經意間打擊了對方的自尊心？是不是在某件你不願意承認的事情上潑了他冷水？

愛情的本質，不是兩個人互相看不上，你看我不順眼，我看你煩得要命；而是兩個人齊心協力地面對這個世界，你拉我一把，我撐你一下。

慢慢你就會明白，遇到一個好的伴侶，人生就像打了勝仗。你以為「能在一起」全憑自己手段高明，沒想到對方居然是真的愛你。對你來說，這個世界乏味又工整，而他就是那抑揚頓挫的朗讀聲。

08 關於空窗期：先一個人活色生香，再兩個人相得益彰

1

十七八歲，你遇到了一個人，你心裡的小鹿一通亂撞。那個人只是禮貌地說了一句「嗨」，你想到的卻是「我同意這門婚事」。

可真的在一起沒多久，你就被幾次誤會傷得肝腸寸斷，又被幾次彆扭氣得七竅生煙。

然後，你們分開了，沒有再互相打擾，直到那張朝思暮想的臉慢慢變得模糊。

二十二、三歲，有人向你告白，你覺得他也還可以，對你百依百順。但相處下來，你又覺得缺了點什麼。

很快，你找到了原因：「沒有心動的感覺」。

過沒多久，你不經意間流露出來的敷衍和不在乎被對方察覺到了，這段感情戛然而止。

到了二十七、八歲，你打算談一場以結婚為目的的戀愛。你這次是認真的，你心裡的小鹿也很敬業地撞了幾下，但對方似乎跟你想的不一樣。

他還沒玩夠，還愛自由，還對誰念念不忘，於是他以三觀不合為理由，和你提了分手。

你很痛快地接受了，因為你知道，這世界根本就沒有什麼三觀不合。只是因為分手的人太多了，俗爛的藉口不夠用，他們才編了這個萬能的理由。

再一晃，三十歲了。心裡的小鹿好久沒撞了，你問牠：「你是怎麼回事啊？」

牠嘟著嘴說：「我還想問你是怎麼回事呢！」

你似乎從來沒想過自己會剩下來，但偶爾也會產生「一輩子不結婚也沒關係吧」的想法。

再回想這一路遇見的、走散的那些人，你有時候會驕傲於自己的不管不顧和敢愛敢恨，有時候又想把那時候的自己拎出來教訓一頓：「你讓他幾句會死嗎？」、「你不說那句話會憋死嗎？」、「你再等他兩年怎麼了？」

你以前以為愛情是一件很了不起的事情，能翻山越嶺，能踏平山河，後來卻發現，其實愛情不算什麼，它連讓你快樂都做不到。

於是你開始唏噓：「一生只會愛上一個人，如果錯過了，其他人都是將就。」

怎麼會呢？

錯過了就說明錯了，那就繼續愛下一個人，大不了再痛哭一場、再痛徹心扉一次，為什麼要給自己犯的錯誤判那麼重的刑罰？

這個夏天過得不怎麼樣，那就爭取秋天精彩，冬天浪漫；錯過了這一村，那就去下一村；錯過了這家店，那就換另一家。為什麼要用一個已經發生的錯誤來懲罰整個餘生呢？

不要輕易說出「我失去了愛一人的能力」這種話，只是變質的巧克力湊巧被你咬到了而已。願你撞過的高牆能造就你的堅強，願你經歷的失望能成就你的盛放。

2

大年二十九的晚上，周小姐突然傳語音訊息給我。我以為她要祝我「新年快樂」，結果她開口的第一句話是：「這種日子是沒辦法過了。」

今年是她第二次去男朋友家過年，結果準備年夜飯的重任就落在了她的身上。

吃飯的時候，男朋友因為她做的菜太鹹了，就當著全家人的面大聲吼她，全然忘了她為了這頓飯，忙前忙後準備了好多天。

收拾碗筷的時候，男朋友又因為她吃飯太慢，狠狠地推了一下她的手臂，似乎忘了她是因為做菜，所以比別人晚了很久才上桌的。

她委屈得直掉眼淚，而男朋友只丟下一句話：「快把眼淚擦了，我看了就煩……」

飯後，她一個人抹著眼淚，男朋友非但沒有過來哄她，甚至表現得異常憤怒：「你到底想怎麼樣？能不能不要鬧了，不能就分了吧！」

向來對她不太滿意的叔叔阿姨，此時把房門關得比任何時候都要緊。

她說她最難過的不是被吼了幾句，而是她不遠萬里來到男朋友的老家過年，卻被這一家人當成保姆呼來喝去，而她曾經不顧父母反對一心想要遠嫁的這個男人非但沒有維護她，反倒還當著所有人的面肆無忌憚地展現他的「威嚴」，像是在向所有人證明她的卑賤。

她問我：「老楊啊，愛到底是個什麼鬼東西啊？」

我回覆道：「我說不清楚愛是什麼，但可以肯定的是，愛不是卑微，不是冷暴力，不是惡言相向，更不是受盡委屈。」

愛，應該是讓你變得溫柔且勇敢，而不是讓你陷入卑微和糾結。

你，應該是從愛中獲得力量和快樂，而不是花光所有的力量和快樂去愛。

你見過他權衡利弊之後選擇你時的勉強，也見過他在談婚論嫁時的猶疑，你體驗了他推卸責任的偏執，也看到了他大聲吼你的無情，也見到了自己日漸頹靡的樣子，唯獨沒見過他像個爺們為你撐腰的樣子。

更糟糕的是，他沒有非你不可，卻又絕不會主動跟你提分手。他沒有「善後」的自覺，無法承認是因為自己的薄情寡義或者看不上你才導致這場分離的。所以就算他不再愛你了，也會一直拖著你，然後把錯都推到你身上，讓你糾結、自責、難過，讓你覺得虧欠他，逼著你自己離開……

他明明才是作亂的一方，但作為精緻的利己主義者，他不允許自己背上罵名，所以就把你「殺」個半死，然後等著你自己死。

不必拿「還會有更好的」來安慰自己，有沒有更好的並不重要，離開他就是你的福報。

失去一段關係雖然可惜，但是在一段關係中失去自我則更可悲。

實在愛不動了，就勸自己一句：白髮並非白雪可替，相識已是上上籤，所以只需保持清醒，爭取做到禮貌退場。

3

經常有人問：「老楊，他不喜歡我了，不管我多努力，他還是不喜歡我，我該怎麼辦啊？」

我的回覆都是一句話：「世間萬事皆可努力，唯獨相愛全憑運氣。」

是的，愛沒用，多愛都沒用，相愛才有用。

你從來就不是那種運氣好得不得了的人，你參加的抽獎活動一次都沒中過，你不帶傘的時候總是遇上雨天，你急著趕火車的時候路上經常塞成停車場，你飛奔到捷運站的時候車門總是剛好關上……

那麼你說，你怎麼就有底氣去相信「我喜歡的人必須喜歡我」這種事呢？

不管感情之路走到了哪一步，都別把自己弄丟了。

相愛時，不要讓愛情占據你全部的生活，否則一旦失去，你就像被挑了蝦腸的蝦似的，生不如死。

分手時，不要糾纏不清。卑微地試著與前任做回朋友是很傻的事情，把前任當敵人也是「傷敵一千，自損八百」的不划算買賣。

分手後，不要急著開始一段新戀情。人在饑餓時會選不愛吃的食物，在寂寞時會選不愛的人。所謂的「饑不擇食」、「寒不擇衣」、「慌不擇路」都是這個道理。

成熟的愛情觀是：喜歡就盡量去追，讓自己盡可能地值得被喜歡，也讓他盡可能地喜歡自己。但至於能不能成，只能聽天由命。畢竟，這世界那麼多人，你獨獨喜歡他，而他偏偏走向你，這本身就很像童話。

而成熟的分手觀就是：承認自己對「讓你喜歡我」這件事無能為力，承認自己對命運的安排毫無辦法，承認兩個人再無可能。

畢竟，不是所有的人來人往都有緣相遇，也不是所有的有緣相遇都能走到老。

你要繼續過好一個人的生活，穩定情緒，努力賺錢，努力變優秀，努力一個人精彩。

愛只有自給自足，才會源源不斷，依靠他人施捨，總歸是患得患失。

尋覓真愛的上上策永遠都是：先努力讓自己變優秀，再大方去擁有；先一個人活色生香，再兩個人相得益彰。

4

有一組特別心酸的對話。

男：「親愛的，你把眼睛閉上。」

女：「幹嘛？」

男：「我變個魔術給你看。」

女：「你要真有那個能耐，趕快把這輛破車的冷氣修好吧，我快熱死了。」

男：「唉呀，你就閉上眼睛，讓我變一個。」

女：「變變變，變個屁啊！我知道今天是認識一千天的紀念日，但現在這狗屁日子過得跟忌日一樣煩，你買了什麼，趕快拿出來吧。」

一個人動了分手的念頭，常常不是因為對方沒辦法逗你開心，也不是因為你不愛他了，而是他的言談舉止讓你覺得他的世界不缺你這號人，他的態度讓你覺得自己一點都不重要。

一個人愛不愛你，態度是完全不同的。

比如說回覆訊息。有些人不愛回訊息，是因為他看了一眼手機，發現是你，就放下手機了；過了好久，他覺得不回覆有點過意不去，這才找個理由回你一下。

而有的人是放下手裡的筷子、暫停剛開始的電影或者遊戲、在洗澡時擦乾濕漉漉的手，又或是強忍著睡意，也要馬上回你的訊息。

比如問你吃飯了沒。有些人只會提問題，你說沒吃，他就說為什麼不吃呀，然後跟你強調「對胃不好」、「對身體不好」。

而有的人則會跟你說：「三分鐘之後下樓，我帶你去一家新開的火鍋店，就在你家樓下往西三百公尺。」

比如說談到假期去哪裡玩。有的人會對你的計畫嗤之以鼻，會覺得你在浪費時間、浪費金錢，覺得你不是個會過日子的人。

而有的人則會認真地做攻略、查天氣，然後興致勃勃地訂好機票，並且和你一起憧憬旅行。

比如你為他做了一頓飯。有的人會嫌棄你煮的湯太鹹，連筷子都不想動；會抱怨你做事不夠俐落、動作不夠迅速，甚至還會抱怨一句：「家事都做不好，娶你有什麼用。」

而有的人會因此而樂得蹦蹦跳跳的，會在一旁幫你挑菜、洗碗，會站在一旁陪你閒聊，會看到你做每一道菜的用心。

所以，不被愛的時候要好好愛自己，被愛的時候也要好好努力。你一個人時的生活和經濟越獨立，你對愛情的要求就可以越純粹。

不要被別人的婚戀打亂了節奏，不要誤把對孤獨的恐懼當成了對愛情的信仰，不要因為曖昧就錯把閒聊當成了戀愛，不要因為聊得來就忘了自己並非名正言順，不要因為自己主動就妄圖進入他的全世界，不要再用「我拚命愛他，他就會拚命愛我」來自我催眠，不要用「愛我就要接受最真實的我」來道德綁架別人。

殘酷的現實是，決定戀愛成功的，從來不是誰符合了你的審美，而是你符合了誰的標準。

怕就怕，你在不懂愛情的年紀就匆忙地選擇了婚姻，又在不懂愛的年齡遇到了不能在一起的人。想愛的，愛不了；想忘的，又忘不掉。只能拿著笑容僵硬的結婚證書，過著沒有愛情的婚姻生活，然後心裡始終裝著一個不合法的人。

我的建議是，不刻意去遇見誰，不急著去擁有誰，也不勉強去留住誰，要努力，要獨立，要積極，要愛自己如同接待VIP。

這個世界有很多很好的人，如果你暫時沒有遇到或無法擁有，那你就要爭取成為那樣的人。你把自己準備好，等遇到那個人時，就像是盛裝出席。

反之，把愛情拿來「治病」的人，只會病得更重。

要永遠記住：愛是生命的禮物，不是救命的稻草。愛情只是你的社交生活，不是你的生活；結婚生子只是你的人生選擇，不是你的人生。

5

最後，提四個醒：

一、不管是戀人、老闆，還是生活，如果你暫時沒辦法捨棄，就不要到處抱怨。因為以你目前的眼光、條件、膽量和能力，你抱怨的另一半很可能就是你能擁有的最好的另一半，你抱怨的老闆很可能就是你能選擇的最好的老闆，你抱怨的生活很可能就是你配得上的最好的生活。你要變得夠優秀、夠有勇氣，才有可能放棄你抱怨的，擁有你想要的。

二、一定要圖對方一點什麼。不管是對你好、長得好、脾氣好、收入高、家境好、不難搞……你總得圖點什麼，而不是將「我什麼都不圖你」作為「我很愛你」的證據，然後傾其所有地對他好。殘酷的事實是，在對方習慣了你的無私奉獻之後，很容易將你的付出視為廉價的東西，甚至認為你在倒貼。

三、對方選擇你，一定是圖你點什麼，可能是能力、脾氣、性格、家庭、錢、精神共鳴……不管是什麼，你都不要把這點東西弄丟了。畢竟，沒有人缺累贅或者祖宗。

四、告白之後，如果聽見別人說「我考慮一下」，不要急著欣喜，人家也許並不是考慮「要不要接受你」，而是考慮「該用什麼理由來拒絕你」。

09 關於父母：父母健在，你就是這世上最富有的人

1

每次聊到父母，肖小姐總是滿臉得意：「我在家的時候，每頓飯都是熱的；我在學校的時候，生活費從來沒有遲到過；我在外工作的時候，聯絡和關心從來沒有間斷過。」

以至於肖小姐常說：「我的爸媽沒什麼了不起的，但他們給了我十足的底氣，讓我在芸芸眾生當中，總覺得一百五十九的自己高人一頭。」

肖小姐家屬於「相愛相殺」的類型。

小學的某次考試，肖小姐考得一塌糊塗：國語三十四分，數學二十七分，英語二十四分。

她媽眼看著要爆炸了，但忍著沒說話，而是私底下對她爸喊：「你看看，她是去讀書的嗎？總分加起來都沒有我的血壓高。」

為了「報仇」，她媽趁著帶她打預防針的機會，把她哭得撕心裂肺的樣子拍了下來，然後每次被她氣得要瘋掉的時候，就翻出影片來解恨。

一家三口一起看電視劇，看到一個老太太在子女面前唯唯諾諾的。肖小姐趁機對她爸說：「你要對我好一點，要不然你老了，別怪我不養你！」

她爸輕蔑一笑：「你又不會比我有錢，別把自己的下半生想得太好了。」

她又「威脅」道：「那你不怕我拔你氧氣管？」

她爸發出了「呿」的聲音：「大半夜滑手機不睡覺，平時天天吃外送，喝飲料，不運動，還嗜甜如命，你能活過我再說吧。」

情人節的時候，她爸送了她媽一大束鮮花，她就問她媽：「我爸做過的最浪漫的事情是什麼？」

她媽咯咯地笑，好一會才說：「就你剛出生那時候，他買了一輛在當時算是超豪華的嬰兒車給你。然後非常興奮地對我說：『以後夕陽西下，我陪著你們母女倆漫步人間，多美好啊。』」

「然後呢？」

「然後我想掐死他，一輛嬰兒車花掉了他半個月的薪水，讓兩個餓腸轆轆的大人推著一個快餓死的女嬰在夕陽下漫步，哪裡浪漫了？」

「相殺」的時候互不手軟，相愛的時候也「不近人情」。

比如某個死小孩看中了肖小姐千辛萬苦買到的手辦，孩子媽死纏爛打：「讓給你表弟吧，大不了我給你錢。」

就在肖小姐陷入困境的時候，她爸出現了，將手辦一把奪了過來，並對那對母子說：「這可是我女兒最喜歡的東西，誰都不准搶。」

又比如過年的時候，一堆親戚開始催婚，肖小姐不知道如何反駁，只好低著頭吃飯。她媽開口了：「結婚這種事急什麼呢？二十歲沒結就三十歲結，三十歲沒結就四十歲結。實在不想結，一輩子單身不是也挺好的嘛。我女兒一年賺好幾十萬，怎麼活都比我們活得滋潤，你們說對吧？」

沐浴著愛長大的孩子，身上有讓人羨慕的強大自信，而自信是靈魂的內增高。

這樣的孩子既有主見又有膽識。小到午飯吃什麼、買什麼顏色的裙子、讀文科還是理科、選什麼科系，大到去哪座城市工作、某個人適不適合結婚，以及何時結婚……甚至就連一個人去拔智齒、深夜去急診室，都可以無比鎮定。

父母存在的意義，不在於給子女富足的物質生活，而是當子女想到父母時，內心是充滿力量的。

所以希望為人父母的都能明白：父母與子女之間的互尊互愛才是最好的教育，遠比報名一堆孩子不喜歡但你覺得有用的才藝班、去最好的幼稚園、買最貴的奶粉和玩具要有用得多。

當然也希望為人子女的都能明白：父母沒有讓你成為富二代，你也沒有光宗耀祖，大家扯平了。

對父母來說，為人子女真正意義上的「盡孝」是讓父母放心。

對子女來說，為人父母真正意義上的「為了孩子好」，其實是照顧好自己、長命百歲。

任他人視你如珍寶，也沒有任何一份感情能與父母的愛等量齊觀；任世間有繁華勝地，也沒有任何一個地方能和家相提並論。

2

身邊的女性朋友相繼當媽之後，群組裡的話題也變得越來越有「味道」。A說她實在是想像不到，這輩子居然能這麼不嫌棄一個人的屎。

孩子出生之後，她就天天和他的屎過不去：乾了擔憂，稀了害怕，不成形也要多想兩下，顏色不正常更是如臨大敵。

她說：「我這樣為他把屎把尿，也不知道等我老了，管不住屎尿屁的時候，他會不會嫌我麻煩？」

B最害怕餵奶，但為了發奶快，只能讓寶寶多吸，不小心就吸出血泡，痛得她哇哇叫，但是聽到孩子哭，還是毅然決然抱起來餵，忍受著傷口結痂又破裂的痛。

她說：「我這麼疼他，不知道以後等我手腳不方便的時候，他會不會餵我吃飯？」

C是個很懶的人，以前就不愛看書，可是自從當了媽媽，天天翻看育兒百科，學習育兒知識，研究幼兒心理，一心想當個好媽媽，甚至戒掉了遊戲和電視劇。

她說：「我這麼努力，不知道等他長大以後，我不懂這個、不懂那個的時候，他會不會嫌我笨？」

父母與子女之間的羈絆是如此殘酷：

父母在子女的出生證明上簽字，子女在父母的死亡證明上簽字。

父母把子女抱回家，慶祝新生；子女把父母送進殯儀館，祭奠他們的離開。

父母給子女一個家，子女送給父母一塊墓地。

父母在子女的滿月宴上舉杯，告訴親友們這個人的驚喜降臨；而子女在追悼會上發言，告訴親友們這個人的永久離席。

全天下的傻孩子們，生你養你的人看似什麼都給不了你，其實什麼都給了你；教你說話的人現在看起來絮絮叨叨的，其實天天都在等你的電話。

而你呢，一路成長，離開家鄉，最終居然只是變成了父母的客人。

唉，幼稚園都是從外往裡看，養老院都是從裡往外看，看的永遠都是自己的孩子！

3

前陣子聽到兩件超級難受的事。

一個小孩五歲時得了腦膜炎，因為耽誤了治療，如今十六歲了，智商卻停在了五歲，而這對夫妻每天都在拚命賺錢，也不敢再生孩子，因為想多留點錢財給這個腦癱兒子。他們覺得再生一個對第二胎不公平，一出生就要背上巨大的累贅，也怕第二胎會花掉太多的財力和人力，以至於沒辦法多留一點給大兒子。

一個三十幾歲的男子跟人打架，腦袋被砍了一個裂口，本來只是一個難度不大的縫合手術，卻在醫院發生了醫療事故，導致這個中年人成了腦癱，如今已在床上癱了十幾年，早就妻離子散，並且伴隨著越來越嚴重的癲癇，醫院賠的五百多萬早就花得差不多了。他的父母都七十幾歲了，還在拚命節衣縮食，滿世界求醫問人……

孩子出事了，父母首先考慮的不是「我老了，誰來養我」，而是「我走了，他怎麼辦」。

老話說：「老母一百歲，常念八十兒。」、「養兒一百歲，長憂九十九。」

從蹣跚學步到牙牙學語，從為人子女到為人父為人母，父母陪伴了你成長，但父母老了，需要你陪伴的時候，你又在哪裡呢？

是不是也想關心爸媽，但不願說出口？

是不是也想多陪陪爸媽，但又無法控制自己去玩手機、打遊戲、見朋友？

是不是也想和爸媽多聊幾句，但不知道他們的話題要怎麼接？

是不是看到爸媽變老也會心疼，但還是一聽到他們那些過時的嘮叨就變得不耐煩了？

是不是也曾想過要讓父母過上更好的生活，也想過要好好盡孝？

可是，你總以為什麼事都來得及，總覺得唯有自己衣錦還鄉才能讓父母添面子，卻忘了父母最想要的，只是你簡單地陪他們聊一會天、吃個飯、報個平安，只是你過得幸福、快樂、順利。

你還忘了時間的殘酷，忘了人生的短暫，忘了命運的刻薄，忘了生命不堪一擊的脆弱。

做子女的往往不知道，在自己看不到的地方，父母是如何省吃儉用的，如何湊合地應付一日三餐，如何對這個世界低聲下氣，而你只是免費地品嘗著父母用辛苦換來的果實，去見識了父母沒有機會體驗的繁華，卻反過頭嘲笑他們沒有見識，不識大體。

你可能忘了，當你的人生踏上一個個新的臺階，當你忙著為一次次的進步而興奮，當你沉浸在一次次升職加薪的喜悅中，當你新建了自己的家庭，當你為了自己的孩子焦頭爛額，父母卻在不經意間悄然老去。

當有一天，你打遊戲沒有人再說你了，你大半夜回家沒有人再兇你了，你抽菸喝酒也沒有人再管你了，而你的爸媽不管什麼事情都想著要找你商量、讓你決定的時候，你就該明白，這個家，該由你來扛了。

希望你早日明白，人最幸運的事情其實是，當你想爸爸媽媽的時候，只要喊一聲，就會有人應答；而最不幸的就是，你喊破喉嚨也無人作聲，只剩自己如鯁在喉。

別再抱怨你媽媽煮的飯難吃了，其實你媽媽早就厭倦了煮飯。你需要山川湖海，需要自由飛翔，需要到家就有吃的，需要病了有人照看，你的爸媽也需要。

4

在網路上看過一個很紅的問題：「出生在三四線城市，父母不能為我的事業帶來任何幫助，我應該對他們心存感恩嗎？」

有個高讚數的留言是：「父母把你拉拔長大，沒讓你留下殘疾，沒給你遺傳疾病，盡他們所能來滿足你，也沒有出現什麼問題連累你，就配得上你的感恩戴德。」

很多人就像是從小在優渥的溫室裡長大的花花草草，覺得風和日麗是理所應當的，根本就不知道有風雨這種東西，所以不覺得有感恩的必要。

這種人自己沒辦法做到完美無瑕，卻總奢望父母能夠毫無缺陷。面對失敗時，他們總是把問題怪罪到原生家庭頭上：是父母的出身太差，導致自己爬不到想去的位置；是父母的能力太差，所以無法為自己的感情、家庭或者事業提供幫助……

這種人整天要求父母不催婚、不嘮叨、不多管閒事，要求父母像國外的父母那樣離自己遠遠的。但是，買房的時候卻要找他們要頭期款，有了孩子要找他們幫忙帶小孩，遇到困難了就臉不紅氣不喘地向他們伸手要免費的幫助。

用一句話總結就是：你既想要自由自在，又想要萬千寵愛，可你既沒有與自由相配的獨立

生活的能力，又失了華人傳統的孝道。以至於不論父母為你做了什麼，你都覺得天經地義，甚至不要臉到了理直氣壯的程度。

我想說的是，如果你覺得父母不理解你，那麼你就問問自己為了得到父母的理解和支持做了哪些努力？你有陪父母看最新的電影嗎？你有帶他們旅行嗎？你有向他們展示你真實的生活嗎？你有向他們分享你目前生活中的快樂嗎？你有跟他們解釋最近流行了什麼嗎？

如果你的家境不算富裕，但上得起學；如果你用不了名牌，但穿得舒服；如果你吃不了山珍海味，但營養都足夠；如果你住不了豪宅，但有自己的房間；如果爸媽不夠理解你，但也不曾拋棄你……

這樣的你卻次次考試不及格，事事都錯誤百出，跟誰都合不來，只是一門心思地把自己的無能怪罪於原生家庭，那麼你不是蠢，就是懶；不是懶，就是「良心被狗吃了」。

當你一頓飯就消費掉父母將近一週的薪水時，你真的不會有一絲愧疚嗎？

當父母被主管大呼小叫、被客戶呼來喝去的時候，你卻在呼朋引伴、瀟灑度日，你真的不會心生不安嗎？

當你穿著一身說得出名字的品牌衣服，一雙鞋就要一萬塊的時候，父母卻穿著被你淘汰的舊鞋，他們不懂你說的品牌，你還笑他們落伍、不體面，你真的笑得出來嗎？

你活得青春無敵，過得光鮮亮麗，卻看不見在你身後默默供養著你的父母，為了讓你過上更好的生活，還在向這個世界低聲下氣。

當你覺得你的知識、素養、視野都遠超過父母，因此嫌棄父母沒見過世面，攻擊父母「管得真寬」的時候，你有沒有想過，正是父母托舉著你到更高的地方，你才有機會看到更大的世界？

你只是把無知當個性，把父母對你的愛當武器罷了。

成長就是一場硝煙彌漫的戰爭，一開始，父母站在你的前排，生活的機槍掃射之後，硝煙消散，你會突然發現，自己已經站在了最前排。

一個善意的提醒：父母離開了，這世上就再也沒有風雨會繞過你。

5

《哆啦A夢》有一集特別感人。大雄的爸爸因為工作喝得酩酊大醉，大半夜回家了還大喊大叫：「老闆，再來一杯……」被爸爸吵醒之後，大雄很生氣，就透過時光機把已經過世的奶奶請來了，大雄的本意是希望奶奶好好地教訓一下爸爸。

但奶奶出現之後，就問大雄的爸爸：「每天都有好好工作嗎？」大雄的爸爸很驕傲地說：「當然啦，我好歹也是當家的。」

奶奶問：「是嗎？」

爸爸說：「是的。」

奶奶突然說：「不要把所有的擔子都壓在自己身上。」

大雄的爸爸瞬間就崩潰了，他像個孩子一樣痛哭流涕：「媽媽，那個壞心眼的部長欺負我……」

看到這些，大雄突然就理解了自己的爸爸，他說：「大人真可憐，因為沒有比他們更大的大人了，就沒有能擁在懷裡撒嬌的人了，爸爸就算很委屈，就算很辛苦，他也只能一個人堅持著。」

因為你的存在，父母眼中的世界就像是一條沒縫好的棉被，棉絮總是會漏出來，而他們的擔心就像針一樣，要把那些可怕的裂縫一一縫起來。只要活著，他們的擔心就停不下來。

人都是慢慢長大的，你是第一次為人子女，你的父母也是第一次為人父母，都需要學習和體諒。

你以前不理解父母為什麼可以長年累月在外謀生，如今常年在外的變成了你，他們反倒成了留守的大齡兒童時，你理解了。

你以前不理解父母為什麼喜歡睡前泡腳，直到你發現泡腳很舒緩疲勞、有助於入睡時，你理解了。

你以前不理解父母為什麼每次在電話裡都要問「吃飯了嗎」，等你有了喜歡的人，每次也會問「吃飯了嗎」時，你理解了。

你以前不理解父母為什麼喜歡清淡的食物，直到你受夠了油膩的垃圾食物，並逐漸意識到健康的重要性時，你理解了。

你以前不理解父母為什麼不許自己唉聲嘆氣，直到你發現生活真的太難了，所以更需要拿出精氣神時，你理解了。

所以，不要嫌棄自己的父母太平凡，不要總覺得自己的家庭配不上自己，也不要憤憤地覺得「為什麼我沒有出生在富貴人家」，你該知道的是，你的媽媽也曾是個小女孩，怕黑，怕蟲，也會掉眼淚，卻溫柔了你，溫柔了歲月；你的爸爸也曾是個小男孩，有才氣，有夢想，卻罩住了你，罩住了整個家。

他們即便有理也習慣跟你低頭示好，即便被你吼了也只是一聲不吭，即便腰痛得直不起來也會在電話裡說「我挺好的」。

他們不會沒事找你，因為怕耽誤你工作。在他們看來，你很忙，有忙不完的工作，有忙不完的家庭，有需要經營的圈子，好像多跟你說一句話都是在耽誤你的時間似的。

他們常常看不清眼前的東西，卻能把遠方的你看得很清楚。

他們甚至比你還清楚你所在城市的天氣，比你還明白你冰箱裡剩下哪些食材，比你還了解你住處周圍哪家餐廳的飯菜好吃。更別說你最近是胖了、瘦了，心情是好了、壞了，都逃不過他們的眼睛。

他們只顧著看你，卻看不到他們頭頂上的烏雲，看不到科技變化帶給他們的孤獨，看不到衰老帶來的病痛，也看不到「孩子不在家，我們就隨便吃一口」的不精緻。

成長的路上人來人往，你曾真心地期盼過某段關係能夠永遠，但後來才發現，只有媽媽永遠是媽媽。

感情的路上分分合合，你曾陸續聽過幾次不知天高地厚的「我養你啊」，但後來才明白，只有爸爸說的那句最真。

全天下的傻孩子們，這一生的溫柔記得為父母留一份。

10 關於遺憾：別說對不起，因為有關係

1

瘋狂想一個人的感覺，就像是電腦中了病毒，錯誤訊息一直跳出來，怎麼關都關不掉。

我要說的是鄧先生，此時他就坐在我面前，板著的臉，感覺正好可以煎個雞蛋，或者攤開一張餅。

他把戀愛了六百多天的女朋友搞沒了，最近一直在悔恨中無法自拔。

還沒等我問他「你是怎麼搞的」，他就自言自語起來了：「我為什麼要逼著她去做我希望她做的事呢？我為什麼非要逼著她聽我的意見呢？她喜歡從上往下擠牙膏就讓她擠吧，為什麼要那麼死板地糾正她？她不喜歡化妝就不化吧，為什麼非要逼她？她喜歡讀書就讓她安靜地讀

吧，為什麼要跟她強調『女子無才便是德』呢？她想要更好的物質生活條件，就和她一起努力賺錢吧，為什麼要抨擊她物質呢？為什麼我總是要跟她爭呢？唉，現在真的是沒有挽回的餘地了。我請求她再給我一次機會，她竟然一口氣說了十個『不可能』。」

我只回了一句話：「被愛的時候，可能人都有點不識抬舉。」

她需要內心世界的共鳴，你一點都不懂；她尋求精神上的認同，你根本就沒當一回事；她在腦子裡構築了堅固的三觀，你連門都找不到。

然後，你還去酸人家「看似無欲無求，其實俗得要死」，還去抨擊她「既要精神的共鳴，又要物質的充足」。

你能說出這種話，不就是因為這兩個你都給不了嗎？

你自己內心貧瘠又醜陋，卻怪別人眼光太高；你不願準備聘金，卻說別人的家教有問題；你賺不到錢，卻說別人物質；你自己懶得陪伴，卻說別人太黏人。

可問題是，一個人愛著另一個人，無非就是捨得為對方花時間和錢，捨得為了與對方相配而不斷精進自己，難道是比誰打字更快嗎？

你既給不了物質，也給不了陪伴，還不懂得尊重，還不注重儀式感，還不努力提升自己，所有的關心和所謂的愛全都靠嘴，然後還整天強調「別拿金錢來衡量愛情」。

那該用什麼來衡量？用秤嗎？

嗯，早晚有那麼一天，你一定能遇到那個讓你百分之百滿意的人，和他的另一半。

2

相似的事情接連發生，一個男生用小帳私訊我：「我真的太傻了！我真的蠢到家了！我真的太痛苦了！老楊，你罵罵我吧！」

他和前女友相戀了八年。問題出現在前幾個月，公司新入職了一位女同事，因為工作，他和女同事越走越近。女同事明裡暗裡向他送著秋波，每天「早安午安晚安」地曖昧著，時不時還約他下班一起吃飯、週末一起看電影。但他都拒絕了，並且明確地表示：「我已經有女朋友了。」

原本故事到此就該結束了，偏偏這個女同事比他的女朋友更好看，聲音更好聽，笑得更美，也更有生活情調，所以他的拒絕裡夾雜著一絲的猶疑和不甘心。

日子一久，他淪陷了，回家越來越晚，跟女朋友的交流越來越少，到最後，他主動提了分手。

然而跟女同事曖昧了一個星期，人家突然不理他了，直到他發現女同事有了新的約會對象，直到女同事字正腔圓地對他講了那句：「請你以後別來煩我了！」

他這才恍然大悟，意識到自己只是一個劣質的備胎，甚至可能連備胎都算不上。

於是，他三天兩頭地去找前女友求複合，天天發動態自導自演各種苦情戲。可惜前女友的心早已涼透了。

畢竟，很多東西不是原路返回就能找到的。

感情裡決絕的人並非無情，只是當初的付出是一片真心，所以結尾的時候並無遺憾。感情裡沉溺的人也並非深情，只是當初不懂珍惜，所以想用深情的樣子來抵消良心遭受的譴責。

他試圖把責任推到那個主動與他曖昧的女同事身上：「她真的太『綠茶』了！」

我回覆道：「『綠茶』也是配合你的熱，才能發揮她的茶氣，如果你不熱，綠茶怎麼沖得出來？」

關於那個他事後給了負評的「綠茶」，我想說的是，你們本就是一個暗示，一個勾搭；一個調戲，一個願意，促成了一段不清不楚的關係。事後的不甘，純屬分贓不均。

試想一下，如果她足夠專一，又怎會輪得到你？

關於那個愛你愛得一往情深的前任，我想問的是，你怎麼捨得讓一個滿眼是你的人扛著所有的負面情緒一次又一次逼著自己放下你，最後帶著滿滿的失望和恨意離開你？

試想一下，若不是失望到了極致，又怎會兩眼無悲喜？

你可能還會辯解說是「新人勝舊人」，但其實新人參與的只是你的吃喝玩樂，卻未曾參與過你的七零八落，你們沒有觸及彼此生活中那些難堪的、落魄的、無聊的時刻。而舊人則是天天被你看見，會跟你討論吃什麼，碗誰洗；會對你負責，照顧生病的你，陪伴失意的你。

因此這樣的對比，既不公平，也沒意義。

愛情裡有兩種情況特別容易遺憾終身：一是你曾經奮不顧身地去愛，到最後才發現，那個人渣得一點都不值得；另一種是你漫不經心地愛著，等到失去了，才意識到那個人好到不可復得！

可問題是，有多少愛可以胡來？

溫馨提示：當你把那個想要與你共度餘生的人徹底地傷害了之後，又遇到了一個你特別想要與之共度餘生的人，你就該明白：這是報應來了！

3

情人節的前一天，娟子的男友專程來到她所在的城市，娟子心裡一番竊喜，甚至還在幻想：「他會不會搞了一個神祕的求婚儀式？等一下會不會突然出現什麼感人的大場面？」

娟子精心打扮，認真化妝，逼著閨密不停地在她的妝容上挑毛病，直到把閨密逼得狂抓頭髮才甘休，然後，她破天荒地穿上了高跟鞋，這才滿心歡喜地赴約去了。

入座之後，男友的神色有點慌張，他躲開了娟子熱情的擁抱，說的第一句話是：「我們分手吧。」

娟子的笑容瞬間僵化，她的腦子「嗡」的一聲。她不知道發生了什麼，她有一堆的問題想問：「為什麼昨天晚上還在親密無間地互道晚安，今天就冷漠到了要決絕的程度？為什麼一點鋪陳都沒有，就直接宣判這段關係的死刑？」

但她一個字都沒多說，只是平靜地回答道：「好的。」

她起身準備離開，男友喊住了她：「你不想知道為什麼嗎？」

娟子盡可能體面地保持微笑：「無非是你有了更好的選擇，而我是被比下去的那一個。」

男友沒有否認，而是擺出一副「既然你都猜到了，那我就不多說了」的釋然，他說：「是我對不起你，你罵我幾句吧。」

娟子抿了一下嘴唇，一臉驕傲地說：「祝你遇到的人，值得你錯過我。」

出了咖啡館，娟子哭得像個輸了球的男人。她太傷心了，這個人參與了她的整個青春，幾乎等同於她的半個親人。遠距離這幾年，她從來沒有和男友一起坐過飛機，因為每次都是她一個人飛過去找他，再一個人飛回來；感到孤獨的時候，她就會一個人在空蕩蕩的房間裡重溫兩個人其樂融融地在一起的場景。

當初的付出有多盛大，現在的失落就有多巨大；當初的關係有多甜，現在的分離就有多痛。就好比說，這世上最荒涼的地方，不是人類尚未踏足的荒原，而是一家永久打烊、生鏽了的遊樂場，是曾經熱氣騰騰到如今死氣沉沉的落差。

大約熬了三個月，娟子才逐漸恢復了正常的作息。她慢慢想明白了，愛情消失是很自然的事，尤其對遠距離來說。畢竟，關懷和溫暖經常鞭長莫及，但冷漠和疏離卻會翻山越嶺而來。

我問她：「你有想過他可能再回來嗎？」

她笑著說：「想過。」

我又問：「那你想讓他回來嗎？」

「不想了。」她斬釘截鐵地說，「我用了半條命換來的大徹大悟，但凡回頭看一眼，都是該死。」

失戀的你，發瘋似的運動也好，拚了命地健身學習也罷，不管你把時間填得多滿，心可能還是空的。你的腦子會不由自主地想到他，你的生活會讓你在某個瞬間突然意識到：「我真的失去他了。」這段時間或長或短，但無疑都是在「熬」，不管有多難，你都要記住：別回頭！別見！別賤！

一定要記住：離開的時候，要像逃命一樣。

怕就怕，他拿著一把糖逢人就發，而你偏要騙自己說：「他給我的這顆最甜。」

怕就怕，你因為天真付出了代價，就不允許自己再天真了；你因為深情被人辜負過，就再也不敢投入了。

結果是，你以前看到一分真心就敢「奮不顧身」地大愛一場，現在看到了十分真心還想著「再等等看吧」。因為被愛狠狠地傷害過，所以不管誰走過來，你都懷疑他的口袋裡藏著刀槍棍棒。

但我想提醒你的是，不要因為一段糟糕的相遇就懷疑自己，你很好，你的愛也是。

也不要為了一個糟糕的人就委曲求全，他的愛是垃圾，他也是。

不管兩個人是因為什麼分開，錯的只是人，不是愛情。

你們只是「不會演」而已，一個藏不住深情，一個演不出喜歡。

你們只是「不配」而已，你配不上他的來者不拒，他配不上你的一片赤誠。

來，一起押個韻：他們看起來好般配，不等於你是窩囊廢，只能說明月老的垃圾分類，做得還挺到位！

4

還有一種分開叫「提起全是遺憾，想起全是不甘」。

兩個人明明彼此相愛，卻在愛的同時夾雜著大量的懷疑、不滿和否定。你懷疑他「是不是只愛自己」，他懷疑你「會不會一直愛自己」；你不滿他「怎麼可以那樣說」，他不滿你「怎麼不理解我」；你否定他「不如這個人帥」，他否定你「沒有某某有情調」。

慢慢地，你們懶得及時回覆對方的訊息了，看到通訊軟體通知時，第一反應竟然是有一點煩：「唉，不知道又傳什麼廢話過來了。」

你們添購東西之前再也不願跟對方商量了，也懶得跟對方展示，偶爾選購了什麼，換來的也只是不屑的一句評價：「真的是太醜了。」

你們不再跟對方掏心掏肺地講話了，一遇到意見不合就急得大喊大叫，甚至故意要用難聽的詞語和難看的表情來「誅心」。

你們以前「週末吃好吃的、去╳╳逛逛」的計畫慢慢被「還是待在家吧，免得自找麻煩」替代了；心煩意亂時互訴衷腸的約定變成了各自捧著手機坐在沙發兩端的沉默。

你們不再認真對待相處的時間，不再注重儀式感，不再在乎對方的意見，不再關心對方的心情，也不再耐心地表達自己的真心，而是賭氣地想著「你自己看著辦」，然後默默地為對方扣分，任由這段關係走向崩塌。

結果是，沒有第三者插足，沒有「我媽不同意」，沒有缺錢，沒有遠距，兩個人就「齊心協力」地把這段感情推向了萬劫不復的深淵。

多遺憾啊！

這世上沒有無緣無故的「擺臭臉」，沒有無緣無故的「發動態」，沒有無緣無故的「不理你」，也沒有無緣無故的「分手吧」。

所有突如其來的大發雷霆，都是長久沒被理解的委屈難過；所有不知不覺地變淡的關係，都是耗盡熱情之後的禮貌散場。

有緣無分的意思是，相遇只因有債要還，分開只是債還清了。

5

哦，對了。再提個醒：

不要總問：「你怎麼又生氣了？」對方的心裡話可能是：「我不生氣，生你嗎？」

也不要總是指責：「你怎麼總是這樣？」對方的心裡話可能是：「你怎麼總是讓我這樣？」

有個公式可以參考一下：飆狠話、擺臭臉、刪除封鎖、說一堆，這有很大的機率是在等你來哄；安安靜靜、不吵不鬧、非常懂事、言簡意賅，這常常意味著真的結束了。

Part 3

別急：一定要把及時止損列入人生信條

不要任由糟糕的事占用你太多的人生，
不要任由煩人的人消耗你內心的晴朗，
想要的東西爭取得越主動越好，
討厭的人離得越遠越好，不必事事都賣弄風度。

11 關於斷捨離：斷捨離才是成年人頂級的自律

1

郝小姐結婚的時候不要聘金，不辦婚禮，甚至連婚紗照都沒拍。在她看來，婚紗照不過是生產線產品，大部分照片都是同一個範本刻出來的。場景就那麼幾個，造型就那麼幾個，攝影師和修圖師早就用爛了那幾套範本。修完你的照片，就馬不停蹄去趕下一單精修照片。

她的客廳不要很占地方的沙發，牆面不要壁畫，雜物間裡沒有雜物，冰箱裡常年很空。

朋友不解地問：「既然你什麼都不要，那為什麼還要買房子，還要努力賺錢，還想環遊世界，還要買最新的電子產品？」

她的回答頗具大師意味：「我只是看透了，又不是活夠了。」

和兩年前相比，如今的郝小姐判若兩人。

那時的她，房間從來沒有整潔的時候，桌面從來沒有空的時候。手機的我的最愛裡塞滿了從未點開過的學習資料，收納盒裡塞滿了根本用不到的機票和門票，冰箱裡塞滿了打折促銷時買的大瓶裝飲料。

以前收拾房間，她總想著趕快把東西塞滿、藏好，以期讓屋裡看起來整潔一點。

但如今，她就只剩兩個問題：「這個東西真的需要嗎？」、「是不是可以扔了？」

以前東西多，她需要費力去想：「那個抽屜還能不能再塞一塞？是不是該買收納盒了？」

但如今，她只需考慮：「這樣擺放好不好看？拿取方不方便？」

久而久之，她的生活產生了一種從容不迫的精緻感。

以前的她經常能在冰箱裡翻出八年前從日本帶回來的果醬，而如今會看顆數買草莓。

以前的她只關心盆栽是不是還活著，而如今會一片一片地剪掉發黃的葉子。

她說：「捨不得才是最大的浪費。」捨不得吃，讓食品過期；捨不得扔，讓冰箱爆滿，結果造成了更多因遺忘而過期的東西。

她說：「囤貨不會省錢，反而會造成浪費。」因為滿額打折囤了太多的衛生紙，所以每次都會多抽幾張；因為品牌大促銷囤了太多的面膜，結果直到過期都沒用完，丟又捨不得，用又不敢用。

她說：「所謂的大促銷，其實就是自己為花錢找了一個省錢的藉口。」買了一堆非當季的促銷衣服，結果真等到夏天來臨，她卻突然發現自己對這一堆衣服沒什麼興趣了。

這些不吃又不用的東西塞滿了房間，就像被冷落的三千後宮佳麗，而自己就是那個昏君。

於是，她低價轉賣了大約三十個基本上全新的包包。把包包寄走的時候，她覺得它們都很陌生，好像從來沒有屬於她過。

她捐了好幾箱根本就不會再用的衣物和被套。躺在沒有茶几的地板上，看著掃地機器人順暢地清掃整個房間，她感到前所未有的輕鬆，就好像所有的垃圾都被清掃出了自己的宇宙。

真正的幸福，不是擁有更多的東西，而是擁有的東西都能讓你感到快樂。

如果你的生活中堆滿了根本用不到的物品或者根本不喜歡的東西，那麼這些東西就會像冷暴力一樣，對你的心理和生活造成看不見的傷害。

那麼你呢？

只是想去超市買一瓶洗衣精，最後差點把整個超市都搬回家；說好是減肥用的跑步機，漸漸變成了晾衣架；本想週末多陪家人，但某某請的飯局不得不去，最後反倒是家人配合時間來照顧喝到吐的自己。

身邊的雜物越堆越多，卻怎麼都丟不掉，因為捨不得，因為好可惜；不斷買新東西，怎麼樣都停不了手，因為太划算了，因為總有一天會用到；想把屋子收拾乾淨，但遲遲不肯行動，因為收拾很麻煩，因為根本就不知道從何下手。

買東西也好，交朋友也罷，做這些事情明明是為了提高生活的品質，卻一不小心把日子過成了一團亂麻。

所以我的建議是，買一樣東西是因為你喜歡且需要，而不是因為便宜，就像結婚是因為愛情，而不是對方好說話。

不要看見別人瘋搶就跟風去買那些你根本不需要的東西，不要有「來都來了，總不能什麼也不買」的心態；不要高估了自己的意志力，健身房會員卡這種東西大多數情況下大多數人只去幾次；不要高估了自己的熱情，樂器、攝影等個人愛好先堅持一個月再來決定要不要入手那些昂貴的設備；不要為了贈品而消費，也不要因為打折就購買一堆並沒有那麼喜歡或者需要的東西。

如此一來，你不會再擔心東西找不到了，因為很多抽屜都是空的，每一件物品都有它專屬的位置。

你永遠可以吃到新鮮的食物，因為水果、蔬菜都是現吃現買，吃完再買，不會放置很久。

你的家會越住越大，屬於你的時間會越來越多，因為你扔掉了好多不用的東西，斷掉了很多可有可無的交際。

你的身材會越來越好，因為在你無法忍受房間的囤積時，你也逐漸不能忍受脂肪的囤積。

更重要的是，你的內心會越來越平靜，心態會越來越積極，對情緒也會越來越有掌控感，因為你清理了用不到的累贅物品，過濾掉了無用的資訊，無視了無所謂的評價，所以你自然而然就有了更獨立的主見和更富裕的耐心。

就像山下英子說的那樣：「放手一個無用之物，就多出一點空間。處理一件多餘之物，就減少一份負擔。減少一次浪費，就恢復一分精氣神。」

2

仙人掌小姐有個綽號叫「封鎖狂魔」。加了但沒有聊過天的人，刪；以前看起來還不錯，後來看起來不順眼的人，刪；一開始覺得挺有意思，但後來發現很無聊的人，刪。所以她的社交軟體好友人數常年保持在四十人以內。

旁人說：「留著又不耗電。」

她回覆道：「如果毫無瓜葛，又不能製造快樂，那不如趁早散夥。」與其在觥籌交錯和假裝很熟的虛假關係中耗費心力，不如趁早把那些消耗自己的人請出自己的生命。因為和溫柔的人在一起是養生，和有趣的人在一起是養心，和聰明的人在一起是養腦，和三觀不合的人在一起是慢性自殺。

所以，不舒服的關係，要斷；消耗自己的人，要捨；無效的社交，要離。

什麼叫不舒服的關係？

就是你掏心掏肺，對方卻不冷不熱；你喜歡民謠，對方卻說那是假文藝；你失戀了哭得昏天暗地，對方卻覺得你好矯情。

每次回他的訊息你都如履薄冰，生怕哪句話說錯了對方就會不開心；而對方每次都口無遮攔，惹到你了還好意思說：「我就是性子直。」

總之就是：你的付出，他不理解；你的心情，他不在乎。

什麼叫消耗自己的人？

就是那種負能量滿得像垃圾車一樣的人，讓你一天的好心情瞬間煙消雲散，讓你整個人變得戾氣滿滿；就是那種自己不思進取，卻見不得你努力工作提升自己的人，他不是當面酸溜溜地諷刺，就是在背地裡耍手段；就是那些把你當成免費飯票，毫無底線地索取，讓你啞巴吃黃連，有苦說不出的人。

對待這些總是消耗你的人，最好的自救方式就是遠離。

什麼叫無效的社交？

就是那種無法給你的精神、感情、工作、生活帶來任何愉悅或進步的社交。

就是你跟他吃飯總不開心，你跟他共事總是吃虧，你跟他待著總覺得累。

就是跟他在一起的時候，要嘛是浪費時間，要嘛是浪費精力，要嘛是浪費感情。

人和人是不一樣的。有的人能幫你充電，和他聊兩句，你就滿血復活了，然後又可以跟世界比腕力了。而有的人只會耗電，你跟他說一句話，感覺就少活好幾天。

所以，如果某個地方讓你委屈，你可以走；如果某個人讓你難受，你可以刪，不要待在糟糕的地方哭。人只會被自己困住，沒有人真的能勉強你什麼。對普通且很垃圾的關係難捨難分只能說明一個問題：缺愛。

所以我的建議是，和能幫你充電的人多待一會，和需要你耗電的人盡早撇清關係。

都說「多個朋友多條路」，所以為了自己少走一些彎路，請你記得定期刪人！

3

感冒燒到三十九度的桌子小姐歪坐在沙發上，就像一棟塌了一半的房子。

但她的手一直沒閒著，一會滑臉書，一會滑IG，一副看淡生死的樣子，全然沒有把「要多休息」的醫囑放在心上。

我沒好氣地問她：「你說說看，我們這一代人，到死前的那一刻，會不會也想摘下氧氣罩，用face ID解鎖手機，再看一眼有誰幫自己按讚或者留言？」

她嘎嘎地笑，然後無力地解釋了一番：「本來想在網路上搜尋一下怎麼降溫，查半天沒查到，就不自覺地打開社群軟體了，看了一圈也沒什麼好玩的，就又不自覺地點開熱門搜尋了……」

其實大家面臨的窘境都差不多，無非是，請「Google」看病，用「臉書」吃瓜，用「抖音」蹲廁所，用「美顏相機」進行無痛整容……看似是身在資訊的海洋裡，卻常常找不到一點有用的東西。

感覺就像是，周圍到處都是水，卻沒有一滴水是可以喝的。

起床的第一件事就是伸手摸手機，就像是害怕錯過了幾個億的買賣似的；發完動態，就一遍一遍地重整，就像是夢中情人真的會幫自己按讚、留言似的；睡之前，也是捧著手機一直捨不得入睡，就好像喜歡的人真的會回訊息似的。

因為大家都在拍照，所以你也瘋狂地記錄下各個角度的「到此一遊」；因為好幾個朋友都分享了某個影片，所以你也點開仔細看完；因為好多人都說那篇文章有用，所以你看都沒看就趕緊收藏。

打開聊天群組，你看到上百則訊息也會一則則地看完，哪怕是「祝××生日快樂」，蛋糕的貼圖劈裡啪啦就洗版了三分鐘；打開社群軟體，你忍不住要看熱門貼文，好讓自己不和這個「風起雲湧」的世界脫節。

結果是，越來越大的儲存容量在毀掉值得一看的照片，越來越便捷的我的最愛功能在毀掉值得一閱的文章，越來越高的書架在毀掉值得一讀的書籍。因為「存起來」會造成「我擁有很多」的錯覺，「收藏起來」會產生「我學會了」的錯覺，進而導致了永久性的「看不見」和「想不起」。

當然了，一心一意地滑手機也是有「好處」的，你能「省下」休息、看書、健身、備考的時間，也因此省掉了努力的辛苦和變優秀的可能。

所以，想流覽熱門貼文就繼續吧：

「我覺得應該是這樣，他那樣講太傻了……」

「我就說嘛，果然是謠言。」

你看，你今天又博學了！

想看短影片就看吧：

「這個正妹跳舞真好看。」

「這個段子也太好笑了。」

你看，你過得多開心！

想玩鬥地主就玩吧：

「王炸。」

「不要。」

「不要。」

「一個三。」

你看，你又贏了！

4

《狼圖騰》裡介紹過一種捕獸的夾子，那是一種強有力的機關，能夠牢牢夾住野獸的腿。但是很少能捕到狼，並不是因為狼聰明，能避開這種機關，而是當狼被夾住以後，會在第一時間把被夾住的腿咬斷，然後逃生。

那麼你呢？

去看電影，特別難看，一個你在猶豫：「不然放棄吧？」另一個你攔著說：「忍著看完吧，不能浪費三百元買的電影票。」

去下廣告，效果很差，一個你在猶豫：「不然算了吧？」另一個你大聲喊：「再等等看，你已經投入了那麼多錢，現在停下來，那之前的錢就都打水漂了。」

戀愛多年，感受極差，一個你在猶豫：「不然分手吧？」另一個你在哭鬧：「那怎麼行呢？你在這段戀愛裡投入了那麼多感情，現在離他而去，我就真的什麼都沒有了。」

每個人都會犯錯、會走彎路、會看錯人、會做錯事、會被拒絕、會受委屈……如果你意識到這樣做是錯的，意識到這樣的糾結毫無意義，明白再這樣繼續下去也不是辦法，那麼停下來就是進步。

不要考驗自己的憋火能力，不要讓自己一直活在怨恨裡。

失戀了，不要發誓「我一定要讓放棄我的人後悔莫及」；革職了，也別憤怒地告訴朋友「我將來一定要把這家垃圾公司玩死」。當你心裡一直有恨時，你就永遠是一個受害者。

當你把有限的精力一次次地丟進本不該開始的戰爭中時，你就相當於一人分飾兩角：攻擊的人是你，挨揍的人還是你，就像是偷襲對手的重拳都打在了自己的臉上。

所以我的建議是，如果努力奔赴了還是很遙遠，就逃吧；如果花了很多力氣還是靠不近，就算了吧；如果用心追了還是握不住，就放了吧。跨不過去的牆，就退一步欣賞。

被放棄了，就爭取一個人過得很好；暫時無法實現財富自由，那就爭取實現情緒自由。斷捨離要從不再關注某個討厭的人的討厭言論開始，從不再眼巴巴地等著某個人的訊息開始。

我所理解的「斷捨離」就是：點到為止，見好就收，不行就撤，過期不候。

5

為了練出好身材，你辦了健身房年卡，買了私人教練課。可你既沒去健身房，也沒上教練課。

為了保養皮膚，你買了一大堆保養品，辦了美容院的卡。可你既沒好好護理皮膚，也沒去美容院做保養。

為了多閱讀，你買了一屋子的書。可你真正讀完的書，卻寥寥無幾。

為了學英語，你下載了各種APP，購買了好幾支付費影片，可你並沒真正花時間多記幾個單字，多背幾篇課文。

為了騎自行車，你買了無數的騎車裝備和儀器，但一到假期你就想在家躺平。

如此說來，極少有人真的將人生視為一場旅途，否則他就不會一直致力於裝滿欲望那個龐大的行李箱，而忘記了自己根本就帶不走它。

事實上，你想做的事情越多，能完成的事就會越少。與其著急忙慌地著手一百件事情，倒不如只挑其中最重要的一件用心做好；與其囫圇吞棗似的用熱鬧來塞滿生活，不如靜下心來好好感受。

生活就像喝咖啡，不管你用的是金杯還是紙杯，主要在於你的感受。可惜的是，很多人把一生的主要精力都花在了買杯子上。

在杯子上下再多的功夫都無益於你的感受，就像驢不會因為自己拉的磨鑲嵌了鑽石就感到幸福一樣。

那麼你呢？

看到了精緻的廣告，你就忍不住「剁手」，理由無非是：買那副眼鏡會讓自己的眼睛看起來更有神；買那條圍巾會讓自己的髮型看起來更加洋氣；買那個包包會讓自己整體看起來更有氣質……

但是，當你真的都買回家了，那些物品卻像是突然失去了魔法似的，再也沒有了在商場裡試穿的效果。

類似的還有口紅、香水、鞋子、寢具……看著本就不大的房間被這些看似便宜卻根本用不完的東西塞滿，取而代之的不再是省了好多錢帶來的喜悅，而是什麼時候能用完的窘迫；不再是我什麼都不缺的好開心，而是不趕快用就過期了的煩死了。

越來越煩瑣的生活就像是配備越來越複雜的汽車，讓你在駕駛的過程中，既要關注路況、車速、行人，又要聽著廣播或者音樂，時不時還要玩玩手機，大大地增加了發生意外的風險。

那麼問題來了：誰應該為車禍負責呢？是你，還是汽車？

一個善意的提醒：在這個容易分心、恍神的世界，注意力是你的超能力。

6

需要特別強調的是，斷捨離不等於單純的扔，更不等於敗家！

父母家裡的東西是幾十年的累積，裡面含有太多的生活習慣和成本，還輪不到你擅作主張地斷捨離。

不懂得愛護物品，大肆毀壞或者隨意丟棄，卻無視它們的來之不易，這樣的你也不配談斷捨離。

斷捨離也不等於形式上瘋狂地做減法。

情緒來了就封鎖主管、戀人、朋友、親人，緩過來時再去哭哭啼啼地求饒；秋天把冬裝都扔了，寒冬時節躲在被子裡瑟瑟發抖；今晚把手機砸了，明早就去找人修螢幕……

這不是在為人生做減法，更像是腦袋被門夾了。

真正的斷捨離是基於自給自足的本事和成熟的心態，是超強的自制和高度的自律。它是從精神上擺脫對物質的迷戀，讓你有目的地選擇與自己當下的狀態相稱的物品和環境。它不在於你扔了多少東西，而是讓你透過清理多餘的東西來讓自己的欲望瘦身，繼而活得更舒服一點、更安寧一點。

我所理解的「斷捨離」就是：不放縱自己的欲望，所以活得不累；不高估自己的重要性，所以識趣自覺；避開了過分熱情的來往，所以交際簡單；不傳空穴來風的閒言，所以內心清白；不沉浸於舊日往事，所以很少懊悔；謹慎地愛別人，所以愛不廉價。

12 關於節奏感：人生就是，急也沒用

1

你每天都很急，一分鐘的紅燈等不及要闖，三分鐘的泡麵等不及要吃，路程三天的快遞等不及要催；追劇要兩倍速，比賽只關心結果。

你每天都很慌，誰結婚了，誰升職了，誰一年賺了多少錢，誰買了多大的房子，誰換了新車，誰的孩子會背多少首古詩，誰的父母留了多少家產給他。

結果是，只要活著，就一定會有引起你焦慮的事情，它們時刻在提醒著你，別人有的，你都沒有。

你的焦慮，一方面是源自「我跟別人的差距太大了」，另一方面是源自「我想縮小跟別人

的差距，但太難了」。

巨大的心理活動量讓你寢食難安，雖然什麼都沒做，但你每天都很累，可又沒資格停下來，只能像個有毛病的機器那樣——低效率、高耗能地轉個不停。停下來的唯一辦法，大概就是等著這個「機器」自己壞掉。

停不下來，就意味著你的人生失控了，這和剎不住車是一個道理。

結果是，你捲又捲不贏，躺又躺不平，只好一邊控訴內捲，祈禱生活節奏能夠慢下來，一邊又被迫焦慮地努力著，繼續對內捲推波助瀾。

2

一大清早，團子小姐就連傳了好幾則很emo的訊息給我：「如果我不自卑就好了，如果我的性格不內向就好了，如果我沒有社恐就好了，如果我能說善道就好了。」、「我太衰了，盼什麼沒什麼，怕什麼來什麼，失望的事情似乎從來沒有讓我失望過！」、「人生真的很可笑，我努力了那麼久的東西，別人一下子就得到了。」

一問才知道，她感覺自己被羞辱了。團子小姐已經畢業兩年多了，現在在南京的一家私人企業工作，收入穩定，但並不高，為了早點湊齊買房子的頭期款，她在下班之後會去一家高檔餐廳做服務生。結果好巧不巧，碰到了一位大學同學。

團子小姐看見那個高挑的女生從一輛豪車裡出來，拎的是她想都不敢想的名牌包包，旁邊站著一位白白淨淨的男生。她就本能地用手擋了一下臉，但那個同學還是認出她了，對方輕輕地笑了，並沒有說什麼。

但當天晚上，她就在同學群組裡看見那個女生傳的照片了，照片裡的自己正在對一個客人鞠躬道歉。她想在群組裡解釋兩句，但又覺得多餘，就退群了。

她對我說：「比這種羞辱更讓我難過的，是我意識到我與她之間無法追趕的巨大差距。我需要非常辛苦地工作很多年才能勉強湊夠房子的頭期款，而她剛畢業就輕鬆擁有了全額買下的、位於市中心的大三房。她山珍海味都吃膩了，而我還在這裡跟客人解釋『為什麼這隻小龍蝦少了一個鉗子』。」

她問我：「每天這麼辛苦，卻活得連她的百分之一都不如，那我的辛苦還有什麼意義呢？」

我很認真地敲了一段話：「她有她的人生，你有你的旅程，沒有什麼好比較的。你這麼辛苦是因為你心裡還有想要的東西，你還想改變什麼，你只是暫時還沒有完成而已。而人生就像是每天打一個木樁，打這個木樁的意義可能暫時看不出來，但等到某一天，你打的木樁足夠多了，它們就會連成一座橋，把你帶到你想去的地方。」

每個人的一生都是一條路，但不用條條都去羅馬，你也可以去上海，去東京，去巴黎。

你是捨不得買好幾萬的包包，但是你每年都買好看的羽絨衣給你媽媽，她穿了很暖和；你每年帶你爸爸去體檢，他不再為身體健康焦慮，你也為此很安心。

你暫時是買不起名車豪宅，但你能把房間收拾整潔，發了薪水會很開心地添購新物品，過節的時候知道犒賞自己，你照樣把小日子過得有滋有味的。

你確實沒有讓你衣食無憂的男朋友，但你的另一半對你足夠真心，雖不能逢年過節就送你名貴的禮物，但每天下班都會順手買你愛吃的糖炒栗子給你，你照樣覺得幸福滿滿。

你是不能大手筆地花錢，沒辦法實現購物自由，但偶爾買了一件超值的好東西，偶爾心血來潮做了幾道拿手好菜，你的心裡不也是美美的嗎？

每個人的追求都不一樣，每個人的人生節奏也不相同。坐擁百億身家的球隊老闆庫班，在二十五歲時還在酒吧裡幫人洗盤子；紅遍全球的作家J.K.羅琳直到三十二歲才出版《哈利波特與神祕的魔法石》，之前她的稿件被拒絕了十二次；好萊塢巨星摩根．費里曼直到五十二歲才迎來演藝生涯的巔峰，而著名喜劇演員史提夫．卡爾四十歲才大紅大紫起來……

我的意思是，不要因為看到了別人的步伐就亂了自己的節奏。A結婚了，B升職加薪了，C生第二胎了，D換車了，E買了學區的房子，F幫她的孩子請了家教……一切熱熱鬧鬧，但實際上與你無關。

與你有關的，是你想要什麼，有沒有為此努力，有沒有放縱或擺爛，有沒有保持著肉眼不可見但足夠長久的進步。

事實上，那些製造焦慮的人並不會為你提供任何實質性的幫助，那些鼓吹「躺平」的人也並不對你的人生負責。

你只需找到自己的節奏，錘煉自己的三觀，不當聖母，不做孬種，只對自己的人生負責。

你只需瞄準你的目標，翻你的山，渡你的河，填你的坑，努力地經營當下的生活，直到未來明朗。

一次次與眼前的麻煩短兵相接，你就會一點點找到和世界和平相處的辦法，不再怨天尤人，不再混吃等死，不再大驚小怪，不再慌不擇路，而是有了自己的節奏，平靜且歡愉地向前走。

成長的路或許孤獨而漫長，希望你努力之後能夠豁然開朗，就算很多事情未能如願以償，但你因此而學會了乘風破浪。

3

在一間鬧哄哄的教室裡，校長要大家安靜下來，他說：「一兩年之後，你們會上一所你們喜歡的大學，會選一個你們喜歡的科系；再過四年，你們會開啟職業生涯，你們當中的很多人會進入世界上最好的公司，然後，你們會結婚、買房子，再過十幾年，你們的人生就定型了……」

就在這時，有人舉手了。他不認同校長「人到了什麼年齡就必須怎樣」的觀點。

他說：「在我認識的人當中，有人二十一歲畢業，但直到二十七歲才找到工作；有人二十五歲畢業，但出了校門就找到了好工作；有人沒考上大學，但在十八歲那年找到了畢生熱愛的事業；有人擁有了一份高薪的工作，但做的卻不是他喜歡的事情；有人活到五十六不知道自己該追求什麼，但有人十六歲就很清楚自己要什麼；有人早早就結婚了，但等了十年才想生小孩；有人急著談戀愛，但深愛著另一個人；有人跟我們年紀差不多，但遙遙領先於我們；也有人比我們年長，但遠遠落後於我們。每個人有每個人的節奏，即使只是考了一所普通的大學，但如果你竭盡全力了，就值得驕傲；即便三十歲還沒結婚，但只要自己過得很快樂，那也是一種幸福；即便到了三十五歲還沒結婚，那也沒什麼；即便四十歲才買得起房子，也沒什麼好丟臉的。」

他說完之後，教室裡掌聲雷動。

人生不是一個要先制定完美藍圖，再去施工的工程項目；也不是一場要先確定劇本，再去表演的電影。為什麼要讓年紀成為人生的使用說明書呢？

不管幾歲，不管身處何種職位，不管混成什麼樣子，你都可以去愛，可以學習，可以戀愛、結婚，可以從頭開始，可以選擇你喜歡的方式去生活。

切記，在內捲的時代，不要丟了自己的節奏；在內耗的年紀，不要磨光了自身的美好。

不論感情、事業，還是學習、生活，你只需依你的節奏，保持一顆上進的心，就夠了。

當學生時，如果你上課時能認真聽講，下課後按時完成作業，不超前消費，不為愛尋死覓活，順利拿到畢業證書，就是上進。

在大公司裡當「螺絲釘」，如果你能勤勤懇懇地做好本職工作，不渾水摸魚，不兩面三刀，不給人製造麻煩，就是上進。

在老家當個公務員，如果你能做事認真負責，不出爾反爾，不欺上瞞下，不愧對自己的誓言，就是上進。在家帶小孩，如果你能照顧好自己的情緒，不違背道德，不冷嘲熱諷，不製造對立，就是上進。

實在覺得累了，就休息一下，抽個小空，發個小呆，花點小錢，吃點好的，不曬成績，曬曬太陽。等你調整好情緒，找回了節奏，再去跟生活大幹一場。

希望有一天，當有人用年齡這種事來「威脅」你結婚、生孩子，要求你守本分和聽話的時候，你能在心裡回他們一句：「我十八歲是這樣，到了八十一歲依然是這樣。我活得跟你不一樣，不是因為年紀，而是因為我跟你自始至終就不是同一種人。」

4

最後，玩一個遊戲吧。場景設定是這樣：你和很多人被帶到了一間陌生的房間裡，每個人都矇著眼睛，已知的資訊是房間的地板很滑，房間的面積超乎想像地大。

遊戲的規則很簡單：

一、誰能率先用雙手碰到屋子裡的任何一面牆，且沒有摔倒，贏得獎勵。

二、如果你碰到了其他人，就要用雙手搭在別人的肩膀上，然後由前面的人領著去摸牆。前面的人摸到牆了，你們一起贏得獎勵；前面的人摔倒了，你們一起被淘汰。

三、遊戲限時十分鐘，超時還沒摸到牆的，淘汰。

然後，倒計時開始，你伸開雙臂往前摸索，想快點贏得勝利，其他人跟你一樣急。

突然，有人不小心摸到你了，他只好把雙手搭在你的肩膀上，跟著你走。你突然變成了領隊，你決心要帶領身後的人走向勝利。

走著走著，你不小心摸到另外一個人，只好把雙手搭在他的肩上，跟著他走。然後，你變成跟隨者了，當然了，你依然希望能夠贏得獎勵。

但過了很久，廣播響起來了「倒數計時五十秒」、「倒數計時三十秒」、「倒數計時十秒」，始終沒有人摸到牆，所有人都很焦慮，於是大家越走越快。

但所有人都忽略了一種狀況就是：最前面的那個人的手搭在了最後面的那個人的肩上。

大家變成了一個封閉的環形，每個人都以為自己不是最後一個人，焦急卻又無奈地跟著前面的人走，邊走還邊在心裡責怪領隊怎麼這麼笨。

然後，大家一直在轉圈。沒有人做錯了什麼，大家都很努力，也都遵守了遊戲的規則，但就是無法贏得獎勵。

如果你非常焦慮，非常忙亂，同時又覺得自己無計可施，你就應該停下來想一想，是不是在無意之間玩起了這個轉圈的遊戲？

人性的弱點就在於此：如果一個東西，大家都想要，那我也想要；但如果一個東西，大家都不要，那我也不要。卻從來不多問自己一句「為什麼」。

為什麼非要早上四點就強迫自己起床？為什麼非要熬到凌晨兩點才敢睡？為什麼非要二十一天就逼自己瘦十五公斤？為什麼非要一年讀幾百本書？為什麼非要二十七歲以前找到對象？為什麼非要三十歲以前就完成買房、結婚、生小孩的任務？

按時睡覺，早點起床，精神抖擻地去努力，不行嗎？一個月瘦一點點，一年精讀十幾本自己喜歡的書，不香嗎？晚一點遇見對的人，然後一起過一輩子，不好嗎？

作家周嶺將焦慮的原因總結為兩點：想同時做很多事，又想立即看到效果。

可你別忘了，如果總是急著種瓜得瓜，那這一生過得就像走馬看花。

我的意思是，別努力得那麼苛刻。比快速地變好更好的方式是慢慢變好，比快速地變瘦更好的方式是健康地變瘦，比多讀書更好的閱讀方式是有選擇地讀，比結婚更重要的事情是遇到合適的人。

有緊迫感是好事，但不能弄丟了自己的節奏感，否則努力容易白費，動作容易走樣，心態容易失衡。

不用擔心「暫時落後」，不必恐慌「一無所有」，人生的路曲折且漫長，偶爾塞車很正常，就像導航提示的那樣：前方道路擁塞，但你仍然在最佳路線上。

13 關於偏見：鍵盤魔人都認為自己非常正義，傻瓜都覺得自己格外聰明

1

先講三個有意思的小故事。

一個農夫開著曳引機去地裡幹活，沒走多遠，他發現沒戴帽子，正好他妻子就在門口。於是他一邊比畫，一邊對著妻子大喊：「帽子呢？我的帽子呢？」

妻子拍了拍自己的屁股。

農夫使勁地擺手，繼續喊：「帽子！帽子！」

妻子繼續拍自己的屁股。

農夫怒了，衝過來對妻子說：「真是個傻女人，我問你帽子在哪裡？」

妻子也怒了，大聲回應道：「我告訴你了啊，在你的屁股底下！」

一個祕書幫主管寫講稿，第一句是：「歡迎大家千里條條立臨我縣考察……」

旁人看了之後評價道：「你這祕書水準不行呀，那麼多錯別字。」

祕書笑呵呵地說：「我寫錯了事小，主管唸錯了事大。」

一個做餅的農婦跟一個剝蔥的農婦在村頭討論皇宮裡的娘娘一天是怎麼樣度過的。討論來討論去的結論是：「東宮娘娘肯定是在做餅，西宮娘娘肯定是在剝蔥。皇宮之內肯定是餅如山、蔥似海。」

人性就是這樣：總是習慣用自己有限的見識去判斷他人的對錯，用自己的個人喜好去度量其他事物的優劣；既輕信又愛懷疑，既軟弱又很頑固，自己的事情常常打不定主意，點評別人時卻又如有神助；對事情的了解越少就越覺得自己正確，對外界了解越少就越覺得自己獨特。

就像是，年輕的時候總以為是這個世界欠修理，長大了才明白，真正欠修理的是我們自己。

2

星期五的晚上，一個女生傳訊息給我。

她說她辭職了，這是她今年的第八次辭職。每次的理由都差不多：做得不開心、同事小肚雞腸、主管奇葩、公司的氛圍死氣沉沉……結論也從一開始的「我早該辭職了」變成了後來的「我根本不該來這家公司」。

我不敢接話，怕說了真話會傷到她，就搜刮了幾個恭維的詞語傳過去，祝她前程似錦、平步青雲。

辭職不應該是對當下問題和困難的逃避，而應該是對未來去向的選擇。明智的辭職是你確認了面前有一個更好的機會，而不僅僅是因為「我煩死了」、「我氣死了」、「我受不了了」。

不會溝通、不懂得團隊合作，以及最關鍵的「沒有一兩樣拿得出手的、不會被輕易替代或者複製的本事」，換工作也不過是換一個地方重蹈覆轍罷了。你有很大的機率還是會遇到另一份讓你厭倦的工作、另一個討厭的主管、另一群讓你惱火的同事。

一個不會游泳的人，不停更換游泳池是沒有用的。因為一直嗆到水是你的問題，不是游泳

池的問題。

如果你覺得主管很難搞，那就試著去充分溝通，從他的角度來理解他交代的任務。很多時候，你覺得某項任務很奇葩，常常是因為你的理解還沒到位，導致你對這個任務的要求遠高於主管對這個任務的要求。

如果你覺得自己懷才不遇，那就試著去做出點成績來，有目共睹遠勝過振振有詞。很多時候，與其抱怨沒有人重視你，不如想一想如何把眼前的爛攤子一點一點收拾好，如何在將來的工作上變得越來越優秀。

人總是有一種錯覺，以為換一個環境就會好起來。但實際上，你不喜歡的人，哪家公司都有。

如果你意識不到自己有問題，那麼你照哪個鏡子都是醜的，你換鏡子也沒用的。倒不如想辦法讓自己變好看一點、變溫柔一點、變厲害一點。你變好了，就不用太挑剔鏡子了，能把你照得美麗的鏡子也會越來越多。

怕就怕，你習慣了用失敗者思維來看待這個世界：「凡是賺的錢比我多的一定為富不仁，凡是比我影響力大的一定資料造假，凡是比我成功的一定用了潛規則，凡是我做不到的一定是別人在說謊，凡是跟我不一樣的一定是怪胎，凡是嫁或者娶了的一定是因為錢……」

你不相信一個人可以透過不斷學習來提升和改變自己，也不相信一個人可以透過真誠和努力抵達人生的新高度。於是，一旦有人做成了你從來沒有做過的事情，你就匆忙地說：「那不可能。」

既然如此，就讓那些無法透過努力獲得成就感的人不斷強調「努力沒什麼用」吧，就讓那些從未得到過幸福和愛情的人不斷去說「這世上根本就不存在這種東西」吧，因為只有這樣，他們才會活得比較輕鬆，死得比較無憾。

3

大家都看過那個著名的寓言故事吧：一隻狐狸偷偷靠近一棵葡萄樹，看著熟得發紫的葡萄，狂吞口水。於是，牠伸直前爪去搆，搆不著；牠縱身躍起，還是搆不著。幾次失敗之後，牠摔得灰頭土臉。最後，牠聳聳肩說：「我覺得這些葡萄還沒熟透，我可不喜歡吃酸葡萄。」說完就昂首挺胸地離開了。

得不到就說你得不到，別總說你不想要。可這世上總有人心裡眼裡全是饞，吃不到葡萄就說葡萄酸。

比如，他在社群上看見某某曬了新車，他不會表明他的羨慕和嫉妒，也不會將此作為自己的奮鬥目標，而是逢人就說：「這種車的保值率太低了，引擎異音太明顯了，方向盤轉起來太費力了。」

總之就是：「買這種車的人太傻了。」

比如，他往一家心儀的公司投了履歷，但對方卻選擇了別人。他不會承認自己能力有限，也不會承認別人比自己優秀，而是再三狡辯：「這家公司也不過如此，老闆的目光十分短淺。」

總之就是：「我沒有那麼想要這份工作。」

又比如他把日子過得毫無起色，非常羨慕別人的富足生活，但他既沒有腳踏實地地去努力，也沒有大大方方地承認別人就是比自己做得好。而是安慰自己說：「我的收入雖然不多，但是我很知足。那些有錢人雖然富有，但不開心，又有什麼意思呢？」

總之就是：「我窮得很開心，他富得不幸福。」

但我想提醒你的是，當你月薪過五萬的時候，就會發現那些動不動就用最新款電子產品的人其實並沒有裝，他們真的只是因為喜歡；當你年薪百萬的時候，就會發現那些穿戴時髦的人並沒有炫耀，他們真的就是日常需要；當你年入幾百萬的時候，就知道那些開豪車的人並沒有炫富，他們真的只是正常出行。

對登頂珠峰的人來說，五嶽真的只是稀鬆平常。

類似的，有的人開著最便宜的車卻擁有好幾間大房子，有的人穿著地攤貨卻戴著百萬元的手錶，有的人吃著麻辣燙慶祝公司上了一個新臺階，有的人用著老人機卻買了百萬元的鋼琴……

不要用你的價值觀去丈量別人的實力，不要用你的想法去評判別人的生活。你覺得超值的東西，可能別人根本就沒放在眼裡；你覺得很好的事情，可能別人根本就沒有興趣。

慢慢你就會發現，有些人的底氣十足來自「我都弄懂了」的見識和「我都擁有過」的實力，有些人的底氣十足僅僅來自「我不知道」和「我不想知道」。

4

有個賣啤酒的老闆正為銷路不暢發愁，坐火車的時候遇見一個做廣告的人，兩人相談甚歡。廣告人問：「你說你的啤酒賣不動，你說說它有什麼特點，我幫你寫則廣告文案試試。」

老闆說：「最大的問題就是它沒有賣點，因為釀造工藝、口感什麼的都跟別的啤酒一模一樣。」

廣告人說：「是商品就有賣點，要不然你說說它的生產過程吧。」

於是，老闆開始講述，講著講著，廣告人說：「停，我找著賣點了。這個啤酒在灌裝之前要把高溫的純氧吹進瓶子裡，吹完之後再封裝，這樣瓶子裡的啤酒就不會變質，口感就會一直很鮮美。」

於是，廣告人很快寫了一則廣告文案：「每一瓶××啤酒在灌裝之前都要經過高溫純氧的吹製，才能保證新鮮的口感。」

老闆一聽就笑了，他說：「你太外行了，所有的啤酒都是這麼灌裝的。這是啤酒的標準工藝，這怎麼可能成為賣點？」

但在廣告人的再三說服下，老闆還是採用了他的廣告文案，結果是，這款啤酒的銷量一路飆升。

為什麼老闆會覺得「所有的啤酒都是這樣灌裝的，不可能成為賣點」，而廣告人卻認為這種工藝就是最大的賣點呢？

因為老闆了解每一個細節，所以他想像不出來完全不了解細節的消費者看到這則廣告文案時會怎麼想。

這種現象又稱作「知識的詛咒」。通俗來說就是：當你特別熟悉某件事之後，你就無法想像自己不知道這件事會是怎樣。你知道七加三等於十，你就想像不出不會算這道題目是什麼感覺。

類似的還有，你覺得簡單，就認為所有人都應該會做；你自己知道，就以為別人都應該知道。

比如，你要男朋友下班順便買個蛋糕，你覺得他肯定會去超市買你常吃的那款，結果他卻在便利商店買了個很貴的，而且是你不喜歡的口味。

比如，你上小學的侄子不會寫作業，請教大學畢業的你。你帶著滿滿的自信跟他講了一遍。你覺得自己說得很清楚了，結果他完全聽不懂。

比如，女生想喝飲料卻不直接說，以為男生能秒懂自己應該渴了；而男生工作太累想被安慰一下也不直說，卻以為女生能理解自己的愁苦。

但實際上，全世界只有這個女生知道，在某時某地某刻，自己想喝一杯無糖、少冰的抹茶；也只有這個男生知道，在某情某景下，自己想被身邊這個女孩拉一把、溫柔地講一句暖心的情話。

明白了這些，你就不會質問別人「你聽懂了嗎」，而是會反思「我說清楚了嗎」。

你就不會批評別人「你怎麼這麼蠢呢」，而是會體諒「也許你只是沒有接觸過」。

你就不會隨便評論別人「如果是我就不會這樣」，而是換位去思考「假如事情發生在我身上，我會不會比他做得更好」。

你就不會奇怪「為什麼父母總喜歡管我」，而是會想著「也許是因為他們走過相似的彎路，所以不希望我重蹈覆轍」。

5

電視劇《三十而已》熱播的時候，一群人在討論「有錢人的生活是什麼樣子」。

一個說：「聽說有錢人應該是……」

一個說：「不不不，我見過的有錢人，他們是……」

一個說：「那也叫有錢人？我前任的哥們的前任是真的有錢，她就不是這樣，她是……」

還有一個說：「都不是，我們社區的有錢人是……」

討論得正激烈，有個人跳出來說：「你們說得都對，『盲人摸象』就是這個意思。」

人總是習慣於按照自己的思維方式去解釋世界，然後盡力把一切事物都和自己的理解力拉平。一旦事物超出了自己的認知，就會習慣性地選擇看不起、看不清，然後是質疑、排斥、嘲笑、憤怒。

不要因為別人說了你愛聽的，你就信以為真了。在這個「你看我不順眼，我看你不正常」的世界，很多人以為的「正確」，也不過是與別人相似而已。

你開車的時候討厭不看車的行人，你走路的時候討厭亂按喇叭的司機，你打工的時候討厭強勢又摳門的老闆，你當老闆之後又覺得員工沒有責任感，你是顧客的時候會覺得商家太暴利，你是商家的時候又覺得顧客太挑剔。其實誰都沒錯，只是立場不一樣而已。

所以，你要讓自己再清醒一點，知道自己為什麼要選擇A選項，所以會一直堅持下去；知道自己為什麼要拒絕B選項，所以能坦然地不為所動。

不用什麼事情都爭論個沒完。有時候「為富不仁」是對的，有時候「窮生奸計，富長良心」也很正確；有時候說「付出總有回報」是真的，有時候說「人的命，天註定」也是真的。

你就信你自己的那套，然後做你自己的那套。你相信什麼，就會得到什麼，並最終成為什麼。

如果溝通之後發現溝通無效，那麼最好的心態是：我們不同，但誰都沒錯。

關於私心：一生不喜與人爭，但該得到的也別讓

1

頂頭上司對著C小姐怒吼：「我最討厭你這副不服輸、不認命的樣子，像你這種要長相沒長相、要能力沒能力的女人，就應該留在小城市裡找個男人結婚、生小孩。可是你偏要跑到大城市裡丟人現眼。我真的太討厭你了，就像討厭臭蟲一樣！」

C小姐只是微微一笑，舉了舉自己的手機，提醒對方「我已經錄音了」。然後，她按照公司的章程提交給了人事部門，全程淡定從容，就像是在例行公事。

這要是發生在兩年前，她肯定會在洗手間裡哭上三個半小時，然後憤而離職。

兩年前的她就像一個「社交廢物」，一到人前就膽怯，一進人群就冷場。很長一段時間，她活得唯唯諾諾，在團隊中做最多的工作，加最長的班，拿最少的獎金。她卻自我安慰道：「雖然辛苦，倒也安全。」

然而就在半年前，頂頭上司的錯誤決策導致了一個大客戶的流失。然而在寄給總部的說明文件中，頂頭上司卻將一切過錯都推到了C小姐頭上，說是她擅作主張，以至於C小姐收到公司的處理信件時一頭霧水。

後知後覺的C小姐去找頂頭上司討個說法，結果對方全程盯著電腦玩著紙牌遊戲，輕描淡寫地對她說：「反正你的職位最低，再降級也是最低，有什麼問題嗎？」

C小姐的腦袋「嗡」的一聲，像是被什麼東西擊穿了，並不痛苦，而是痛快。

從那天起，但凡是不屬於她的工作，她就會當著頂頭上司的面說：「這不歸我管。」但凡獎金少了她一個零頭，她就會去找上司問：「憑什麼啊？」

三番五次據理力爭，這才有了前面的臭罵，但現在的她已經不以為然了，甚至還說出了她這輩子說過最硬的話：「我有什麼缺點，你儘管說，我一定放大給你看！」

有人明目張膽地討厭你，你也一定要發自內心地不喜歡他，這才是最基本的禮貌。

但是一定要注意：一直彎著腰的人突然直起身來，那自然會有人不適應。因為對方已經習慣了那美妙無比的居高臨下感，此時突然都沒了，這讓他很難受，甚至是憤怒，是那種「我玩了好多年的東西突然被人奪走了」的憤怒，是那種「自己養的孩子突然翻臉不認爸媽」的憤怒。

而這也註定了在你剛直起腰的那段時間，你會遭受前所未有的敵意和打壓，包括但不限於變本加厲的孤立、不擇手段的打擊，直到把你打回原形。

你要做的是做好準備，去迎接這些人的卑鄙行徑和可能發生的骯髒手段，等他們習慣了你的愛恨分明，習慣了你站直腰桿的樣子，你和他們之間的那道護城牆才算真正地穩了。

那麼你呢？

家人的某句話傷了你的心，但為了和睦，你壓住了悲傷，選擇了沉默。

上司對你的業績很不滿意，甚至還當眾責罵，不嫌事大的同事則笑個沒完，雖然你很氣憤，但為了工作，你選擇了「與人為善」。

你最信任的朋友把你的祕密告訴了別人，你氣得在夜裡哭了好幾場，但礙於多年的情分，你選擇了寬容。

實際上呢，你很不滿，但很能忍，一邊當著可憐的小白兔，一邊責怪大野狼太兇殘。

我的建議是，不要為了遷就誰就習慣性地委屈自己，不要為了一時的安逸就縱容他人再三侵犯。你彎腰的次數多了，別人就會習慣你的低姿態和你的不重要。時間一久，別人只會覺得

「反正他脾氣好，惹到就惹到吧」。如果哪一天，他們需要推選一個代罪羔羊，那這隻羊一定是你。

也不要在該談薪水的時候談情懷，在該講原則的地方講交情。你工作就是為了賺錢，你守在壓力山大的崗位上就是為了拿到足夠分量的薪水和尊重，不是為了誰畫的大餅，不是為了為誰當擋箭牌，更不是為了受誰的窩囊氣。

付出就是為了回報，哪怕是做慈善，也希望得到神明的保佑，不是嗎？

當軟綿綿的濫好人免不了要吃虧，做冷冰冰的壞人又過不了良心這一關，所以，你要當好一個功利的成年人，有以「不損人」為前提的自私自利，有以「不虧待自己」為原則的漠不關心。

2

綠蘿小姐長得一般，學歷也不高，卻從普通職員做到了部門經理；她的家庭普通，嫁的卻是大戶人家。以至於別人提起她時，總是免不了感慨一下：「她可真是個好命的女生。」

與她相識多年，我知道她的「好命」不是基於老天的眷顧，而是因為她凡事都主動爭取。

就像她的社群自介寫的那樣：「生活沒有教會我什麼，它只告訴我四個字——喜歡就搶！」

遇到了喜歡的男生，即便是大家眼裡的「搶手貨」，她也敢主動出擊，絕不擔心公開告白會讓自己丟臉或者失去別的潛在追求者。

如果是不喜歡的人跟她告白，她也會拒絕得很明確，不會為了留住曖昧對象或者礙於情面而欲拒還迎。

公司有出國學習的機會，大家其實都想去，但當老闆當眾問有誰想去時，只有她一個人把手舉得高高的。

辦公室要升級電腦，大家其實都想換新的，但只有她一個人主動去找財務寫了申請表。

和同事一起等電梯的時候碰見了老闆，別人都選擇等下一趟，只有她大大方方地擠進去了，甚至還在電梯裡跟老闆攀談起來，聊她對公司新產品的看法和建議，正是這次偶然的接觸讓老闆留下了深刻的印象。

不喜歡什麼，一定要大大方方地講，不然別人會認為你並不介意；想要什麼，一定要坦坦蕩蕩地爭，不然好事憑什麼降落在你身上。

很多人都有一種微妙的心理：不願意主動表明自己的需求，而是試圖表現得特別識大體、特別隨和、特別無欲無求，但實際上又特別期待別人能猜到自己想要什麼，然後主動給自己。

所以這種人註定會經常失望、經常懊悔。

不敢爭取的人到底在怕什麼呢？

怕別人的眼光，怕被人說自己「不知天高地厚，不知道自己有幾兩重」；怕在爭取的過程中和別人發生摩擦，怕遭到鄙視和嘲諷；怕被否定，怕被反駁，怕被拒絕，甚至就連點餐的時候想吃什麼也不敢說。以至於自己遭受了不公平的對待時，連憤怒和恐慌都不敢表達出來。

結果是，你看起來是一個雲淡風輕的人，言談舉止間也有著與年紀不相符的穩重，但實際生活中卻處理不好很多事情，包括人際關係和職場中的競爭。在你看來，爭取是貪婪的意思，所以每次出現爭取的念頭時，你就會產生一種難以言喻的羞愧感。

可問題是，別人竭盡全力都不能得償所願，更別說為你留有餘地了。如果你一直在權衡，一直在退縮，那麼你註定了會一直憤憤不平，一直悶悶不樂。

而主動最直接的好處是，很多事情本來是遙不可及的，卻因為你主動爭取了，就會離你越來越近。

不要為自己的膽怯戴上「謙讓」的高帽，不要用「我是個知書達理的人」的名義來麻醉自己，也不要被「不好意思」捆住了手腳，更不要因為聽信了「是你的就跑不了，不是你的就留不住」而失去了本可以留住的。

所有你主動去做的事情都會滋養你，所有你被動去做的事情都會消耗你。如果事情是你主動去做的，你會覺得這一天充滿了活力，你不會覺得辛苦，只會覺得心滿意足。但如果你每天都是被目標、截止日期、客戶、外界的壓力推著走，那麼你不僅心力交瘁，而且毫無所獲。

希望你能成為一個主動的人，喜歡就說喜歡，討厭就說討厭，想要就賣力去爭取，不敷衍誰，不模糊態度，不表演愛憎，不沉溺在彆扭的小心思和扭捏的小情緒裡，目標清晰地、誠誠懇懇地、理直氣壯地向命運伸手去要。

3

橘子小姐的家就像是一條「情緒發洩的食物鏈」：爸爸吼全家人，媽媽吼小孩，哥哥吼她。她活得很小心，因為她知道自己的人生沒有人撐腰。

後來，她考到了一所很遠的大學，去了一座很遠的城市工作，她的目的很明確：逃離這條「食物鏈」。

然而就在前幾天，媽媽的一通電話瞬間把她擊潰了。媽媽在電話那頭痛哭流涕：「你哥結婚，就缺一間房子，他過得太不容易了，都三十幾歲了，好不容易找到個媳婦，你就當可憐可憐我這個當媽的，把你這幾年的存款借給你哥買房子吧。」

這筆錢是橘子小姐為自己買單身公寓準備的，這些年，她受夠了房東的白眼，也受夠了漂泊的生活，所以她拚命工作、加班、兼職，省吃儉用，前前後後存了五年。

她震驚於媽媽的要求，也震驚於家人的自私，她的內心其實在咆哮：「我也過得很不容易啊，你們為什麼就不能可憐可憐我呢？」但她說出來的卻是：「嗯，知道了，下午就轉給你。」

她跟我說這件事的時候已經是晚上十一點多了，她說：「錢轉過去的時候，我哭得撕心裂肺。我不願意，但我好像也沒辦法。我不敢拒絕，我甚至都想像到了拒絕的後果是被一家人罵狼心狗肺。我都快要瘋掉了，一個我在咆哮：『他們怎麼可以這樣對我？』另一個我又在心裡蔑視自己：『你不就是可有可無的人嗎？』」

她問我：「老楊啊，錢我都給出去了，為什麼還是很想哭呢？」

我回覆道：「無非是哭當時的進退兩難，哭生活的不留餘地，哭自己有骨氣卻沒本事，哭自己很懂事卻沒能讓自己好過一點。」

那為什麼很多人不敢說出自己的真實感受呢？

因為害怕別人不高興，因為不敢和人起衝突，因為不想傷害到某些人，於是，所有原本應該對外發洩的火氣都對著自己攻擊。

然而可悲的是，你明明已經氣得要吐血了，明明已經因為某件事忍了某個人好久了，但惹惱你的人卻完全不知道你生氣了，只能從「你沉默不語」、「被你封鎖」、「你開始了冷戰」、「你離職了」、「你退出了聊天群組」等行為中推測：「啊？他生氣了，但為什麼呢？」

很多時候，你有必要跟最親近的人表達一部分真實的自己，包括「我不想那樣」、「我不需要」、「我不喜歡」、「我不願意」，這會讓對方看見你的邊界在哪裡。

這肯定會付出「不討人喜歡」的代價，甚至可能被扣上沒良心或者不合群的帽子，但這麼做的收益非常高：你可以阻止某些人的「侵犯」。

你感覺不爽，就意味著你的大腦在向你發出警報，提醒你有些事情不對勁，可能是你的利益受到了威脅，可能是你的邊界遭到了侵犯，可能是你的尊嚴受到了脅迫。

因此，表達自己的真實想法非常有必要，它能替你宣告你的底線在哪裡。它是你對不公平的事和不喜歡的行為的一種本能反應，能把你的空間和自尊守得更好，讓你被這個世界公平相待。

這世上絕大多數的妥協，都是以折磨自己為代價的。所以，當心裡的不爽大於心甘情願時，你的付出就該適可而止；當自我拉扯成為常態時，任何關係都要停止。

當有一天，你允許別人不喜歡自己，更加關注自己的感受，更加尊重自己的原則，更加維護自己的利益，更加在乎自身的前途和未來，那麼就預示著，你的將來一定會比過去美好。

4

網路上有個搞笑的段子：「如果有人說你的壞話，你不能反擊，如果反擊了，就是你的格局太小；如果有人跟你計較，你不能跟他計較，如果計較，就是你的格局太小；如果有人想讓你吃虧，這個虧你必須吃，如果你不吃，就是你的格局太小。以上這些，你必須認同，如果不認同，就是你的格局太小。」

可問題是，我們憑什麼要承受這些呢？難道為人善良就應該任人欺負嗎？難道待人禮貌就必須忍氣吞聲嗎？難道當乖小孩就要理所當然地遭受霸凌嗎？

自私的人總有一套歪理，你要符合他所有的利益，符合他所有的情緒，但凡有一點不符合，那就是你做得不對。

而我希望你明白，當你被攻擊的時候有不大度的權利，被占便宜的時候有計較的權利，被欺負的時候有反擊的權利。

不要把忍受暴力當成了「好脾氣」，不要把忍受笨蛋當成了「我愛你」。

人生苦短，去日無多，想要的東西爭得越主動越好，討厭的人和事離得越遠越好，不必事事都賣弄風度。

怕就怕，你的「無所謂」只是因為打不過，你的「不爭」只是因為沒找到機會。

再直白一點的說法是：你並非善良，只是懦弱而已。

真正的「無所謂」，應該是因為無所不能而無所畏懼，而不是因為什麼都不會而假裝不在乎；是因為胸有成竹所以優哉游哉，而不是因為無計可施所以得過且過。

真正的「不爭」，應該是歷經奔波歲月之後內心的愉悅富足，而不是在年紀輕輕時逃避艱辛的蹩腳藉口；應該是發自內心地對未知世界積極期盼，而不是在該竭盡全力的年紀對現實輕易妥協。

所以我一再強調，希望你和誰都不爭，是因為和誰爭，你都不屑，而不是因為和誰爭，你都不行。

再回到那個經典的問題：為什麼壞人只需放下屠刀就能立地成佛，而好人需要歷經九九八十一難？

因為「能作惡但不作惡」才是真正的善。放下屠刀的前提是，你真的擁有屠刀，而很多人只是兩手空空。換言之，大多數人既不是惡人，也不是善人，只是弱者。

類似的還有，為什麼你會討厭某個人居高臨下的態度？因為你在下面，不在高處！

所謂「尊重」就是，你身上要有點東西，讓別人願意忍你。如果你感覺自己被冒犯了、被輕視了，就想一想「我是不是兩手空空」。

15 關於熬夜：夜熬多了，夢就會做得短斤缺兩

1

聽說你很喜歡熬夜，那我先跟你說說熬夜的「好處」吧。

你會變得非常「穩重」。因為睡眠不足會減緩你身體的代謝，一旦消耗降低了，你自然就會發胖，而「胖人九分財，不富也鎮宅」！

你會變得更加「成熟」。因為熬夜會讓你的膚色發暗，讓你的皮膚長出皺紋和色斑，讓你的眼袋一直垂到下巴。而睏倦的狀態會使你的眼睛失去光澤，讓你整個人的精神狀態垮掉一個檔次。你自然就會顯得很「老成」，就像放了一個星期的花、擱置了半個月的橘子。

你會「省下」很多錢。因為熬夜容易禿頭，你就可以省下買洗髮精的錢；因為晚睡容易起

不來，你還可以省下第二天吃早餐的錢。

你會變得更加「有自信」。因為熬夜會讓視力大幅變弱，你就看不到自己因為熬夜長出來的皺紋、痘痘或者色斑，也看不到其他人因為你的萎靡不振而投來的異樣眼光，就可以有自信地覺得自己還美如當年。

你的人生會變得更加「簡單」。因為熬夜會讓你的記憶力變差，是非常差的那種，所以好事、壞事，你都可以轉眼就忘，就沒有「誰欠我的錢」、「誰討厭我」之類的糟心事了。

你將會為醫療事業做出傑出貢獻。因為只要你繼續熬下去，那麼你早晚會成為醫院的常客。

你還會因為長期熬夜而成功地預防老年癡呆。因為常年熬夜的話，你很可能活不到老年。

是的，黑夜才不會「虧待」經常熬夜的人，它會賜給你一個皺巴巴的皮囊和一個軟趴趴的靈魂；生活也絕不會拋棄頻繁晚睡的人，它會用壓力把你打回「圓」形；你的髮際線則會收到一個神祕的指令：「全體都有！向後轉，齊步走！」

2

聖誕節的時候，朱小姐給我看了幾個APP為她遞送的年度報告：「這一年裡，你常在深夜聽歌，累計兩百九十五天。」、「你最喜歡在深夜下單，最晚的一次是凌晨三點五十四分。」

自從開始創業做短影片，朱小姐已經很久沒睡一個好覺了。

她的壓力很大，見相親對象的時候，恍恍惚惚地出示了收款QR code給人看，對方一臉矇：「要付多少錢，才能加你的社群帳號？」

她的焦慮很旺盛，發布的影片要嘛是沒人看，要嘛是好不容易紅一支，結果底下一群酸民在說三道四。

有事沒事她都熬到凌晨兩三點，有時甚至是徹夜難眠。第二天拖著睏得變形的身體起床，臉上的黑眼圈和魚尾紋瘋狂生長，頭髮也是一把一把地掉……

就在半個月前，她看東西的時候會眼前出現一道光斑，嚴重時甚至看不清東西；她會覺得胸口發悶，像是被石頭壓著一樣；有時還不能做深呼吸，一用力就心臟痛，心臟就像是隨時會暫停一樣。

惜命的她去做了一個全面的體檢，拿到體檢報告時，她傻眼了。眼睛的問題是：玻璃體渾濁、中度結膜炎。心臟的問題是：心律失常，再嚴重的話可能需要安裝心律調節器。身體的問題是：甲狀腺病變、乳房出現了纖維瘤……

總之，渾身上下似乎沒有一個好的地方。

她問醫生：「為什麼會這樣？我一年前體檢還很健康啊。」

醫生反問了一句：「你是不是常熬夜？」

她說「是」，然後問醫生：「我該怎麼辦呀？」

醫生不留情面地說：「如果你希望眼睛瞎掉，如果你希望纖維瘤進一步惡化，如果你不在乎心臟突然驟停，那麼就繼續熬夜吧！熬夜的理由你可以有無數個，但康復的建議我只有一個：好好睡覺！」

熬夜是個套餐，你不能單點。

不睡覺就意味著你的飲食會經常不規律，意味著你第二天的效率會極低，意味著你會變得更加焦慮，意味著你會患上拿它毫無辦法的偏頭痛。

意味著你變成了不自律的典型，意味著你是在心不安、理不得地熬夜，意味著你人為地把人生的追求從卓越下調為平庸，意味著你把生活的難度從普通調到了困難。

所以恕我直言，很多人所謂的「活著可真累啊」，實際上是因為昨天晚上玩手機導致太晚睡了。

那麼你呢？

心情有點差，思緒有點亂，那就熬夜放鬆一下；加班到晚上十點，身心疲憊，那就打場遊戲再睡；凌晨兩點玩著手機有點餓了，那就吃個外送再睡吧。

「好睏啊，但是社群上又有了新動態，滑、滑、滑！」

「都兩點了，還是睡覺吧……等等，再看看我家愛豆發了什麼動態。」

「什麼？凌晨三點了？再看最後一集電視劇就睡覺！」

「啊！都八點了，完蛋了，又要遲到了……」

早上起床時的困頓、難受和悔恨，讓你想掐死昨晚熬夜的自己。

可一到晚上，那種清醒、興奮和囂張，讓你根本就想不起來自己是誰。

像極了那些愛喝酒的人說的鬼話：「我已經下決心戒酒了，如果你看到我拿著酒杯，請記得幫我倒滿。」

久而久之，你的身體累了，用打哈欠的方式向你的大腦發出了訊號：「我該休息了。」你的大腦卻回應道：「再等等。」

你的身體問：「等什麼？」你的大腦說：「我也不知道。」

結果是，你的身體進入了一種噩夢般的清醒狀態：很疲憊，但是睡不著；即便是把眼睛閉上，腦子卻還在開趴！

3

電視節目《我是演說家》裡的周西，在腫瘤確診後發表了讓人心酸的演講——〈滾蛋吧，腫瘤君〉。她後悔的是，「這一整年，我幾乎沒有在晚上十二點前睡著過，熬夜到一點、兩點，甚至到三點。」

小說《此生未完成》的作者，復旦年輕女教師于娟，在查出癌症後也懊悔地說：「十年來，我基本沒有在半夜十二點之前睡過，嚴重的時候還會通宵熬夜。」

是的，雖然我們生在一個可以二十四小時不眠不休的社會，但我們並沒有可以二十四小時不眠不休的身體。

事實上，絕大多數人熬夜跟努力無關，要嘛是不想睡，要嘛是不敢睡。

所謂不想睡，是因為白天被各種人和事占用了，被身上的責任、職務、角色「綁架」了，你毫無自由可言，到了晚上，你就不太願意睡覺，只想重新奪回對自己的控制權。

在你看來，夜晚才是享受生活的絕佳時間。它安靜、自由，無人打擾，這時候做自己喜歡的事情，快樂的程度會是白天的好幾倍。或許你並不喜歡黑夜，只是不想一覺醒來就去面對日復一日且枯燥無趣的責任和義務，只是捨不得太早和自由自在的時間裡那個自由自在的自己說再見。哪怕新的一天已然迫在眉睫了，而舊的一天像個深情款款的失戀者久久不肯離去。

所以，你明知道熬夜傷身體，也清楚熬完夜迎接自己的是第二天更嚴重的疲憊、意志渙散，以及皮膚老化、黑眼圈，甚至是猝死……

但你還是選擇了樂此不疲地、心存僥倖地熬下去。

所謂不敢睡，是因為白天荒廢的時間太多了，所以到了晚上，你就會很焦慮：「完了，白天又什麼都沒做。」、「說好了今天寫文案，結果又沒寫，明天怎麼辦呀？」、「什麼都沒做的話，這麼早就睡覺是不是有點說不過去？」

所以，你要清楚每個人每天的精力是有限的，你要做的是合理安排，提升效率，而不是把熬夜當成光榮，又或者是把熬夜當作你白天渾水摸魚的遮羞布。

也許你曾感慨過：「明天和意外，哪個會先來？」但你依然心存僥倖，依然明知故犯，所以你無意之間提高了「意外比明天先到」的可能性。結果是，你年紀輕輕的，身體卻像一顆舊電池，即使通宵充電，早上開機就只剩百分之三十的電量了。

放不下手機的人只能放下人生，因為無節制的熬夜是對精力的巨大消耗，而精力不足則是人生走下坡的開始。

惡性的循環是：晚上沒有好好睡覺，白天做什麼都狀態不好；白天過得渾渾噩噩，到了晚上又會焦慮得睡不著。

而良性的循環是：晚上好好睡覺，白天就有充沛的精力去做事情。而白天高效地完成了任務，到了晚上就可以踏實地睡個好覺。

如果你能把「好好睡覺」列為近期的奮鬥目標，那麼你就會發現，每一個早起的自己都可歌可頌。

4

TED有一場關於睡眠的演講，直接回答了「睡眠對身體意味著什麼」的問題。有兩個比喻，我印象非常深。

他說大腦就像我們的房間。大量的腦力活動會產生大量的「垃圾」，而睡覺就是清潔房間的過程。如果房間裡的垃圾不及時清理，就會導致大腦超載運轉，這和電腦長時間不清理就會變卡一樣。

他說大腦中有個名為「海馬迴」的區域，主要負責儲存記憶，就像資料夾一樣。如果睡得好，海馬迴會像乾海綿一樣，把新的知識和記憶吸進來；如果睡不好，它就像一塊濕海綿，人根本學不了新東西。

除此之外，長期的睡眠不足，會使你的情緒控制和反應速度大打折扣，同時還會為身體帶來各種炎症、血壓問題、血糖問題、肥胖問題、心臟問題等。

簡單來說就是，熬夜會使你變胖、變醜、失憶、學不進知識、容易生病，還會比別人更容易得癌症。

夠清楚了吧？

然而，在熬夜這件事上，大家非常有默契地選擇了掩耳盜鈴，並把阿Q精神發揮到了極致。

聽說手機螢幕傷眼睛，於是你換了一個所謂抗藍光的保護貼；聽說熬夜傷身體，於是你網購了一堆保健食品。

你一邊沉迷於熬夜，一邊賣力地養生，就像是，只要在啤酒裡加了枸杞，自己開的就是養生趴。

可問題是，修仙雖爽，但渡劫很難。因為再貴的粉底也遮不住你下垂的眼袋，再多的面膜也救不了你野蠻生長的痘痘。

而每一個放肆去熬的夜晚都要用一個起不了床的早上償還，每一次不要命的熬夜都會變成動不動就看病的惜命帳單。

是的，所有你熬夜偷來的快樂，都會把帳記在你日漸暗沉的臉上、日益稀疏的頭髮上、並不寬裕的餘額上，以及並不容易的生活上。

5

關於自律，我再提四個醒：

一、每天二十四個小時的時間是不會變的，能夠享受安靜的不是只有深夜，大清早也可以。如果以犧牲健康為代價的熬夜僅僅是為了獲得片刻的安寧，那為什麼不在清晨將健康和快樂二者兼得呢？「早起冠軍」比「熬夜冠軍」聽起來酷多了。

二、玩手機也好，熬夜也罷，這些小欲望如果不加控制，就會變成你生活的必需品。

你覺得熬夜過癮，那麼你就會天天熬到下半夜；你覺得起不來很正常，那麼你就會變成「賴床專門戶」；你覺得看一下手機又不會怎麼樣，你就會沒完沒了地「只看一下」；你覺得吃飽了再去減肥也沒什麼，你就會經常吃到撐。

三、不管是早睡早起，還是鍛煉身體，真正的自律應該落實到身體健康上，而不是身材比例上。

如果你在鍛煉時，真正消耗的是卡路里，而不是手機電量；如果你真正關注的是身體機能，而不是腰臀腿臂的尺寸，那麼那些欺軟怕硬的病毒和疾病就很難在你身上占到便宜。

四、自律與不自律的顯著差別在於，一樣的體重卻有著不一樣的身材，一樣的年紀卻有著不一樣的精力。

隨便喊喊口號或者發幾次動態就能讓你產生「我馬上就要變好看了」的錯覺，但三分鐘熱度騙不走你肚子上的肥肉，兩場汗水也不可能換來讓你心滿意足的體型，發個「一定要早睡」的毒誓也掩蓋不了眼袋和黑眼圈。

所以，你根本就不用靠「熬夜發動態」的形式來標榜自己的努力或者優秀，因為你的身體和狀態會告訴別人一切。你的站姿能看出你的氣度，你的步態可以看出你的信心，你的表情裡有你近來的心境，你的眉宇間藏著你過往的歲月。

早點睡吧，沒人想你。我只是替你擔心，別人的青春是曖昧、分手、新戀情，而你的青春是痛風、肥胖、頸椎病。

Part 4

別孬：你要快樂，不必正常

你要把生活中為數不多的開心畫成重點，
在每個糟心的時刻反覆誦讀；
你要瘋狂地收集每一個微小的快樂瞬間，
用它們去回擊每一個糟糕的日子。
如此一來，你會覺得人間可愛，實在值得下凡歷劫。

16 關於熱愛：如果生活是一場密室逃脫，那麼熱愛就是安全出口

1

我很少在聊天群組裡加誰，但那個暱稱叫「英年早呆」的傢伙是個例外。

他每句話的結尾都習慣性地帶上「捂著臉笑」的表情符號，就像做菜的大廚愛撒蔥花一樣。

他很少參與群組裡的八卦閒談，但一開口經常是驚豔四座。

比如有人抱怨自己的女朋友總是喜歡過一些奇奇怪怪的節日，延伸出來的討論是：為什麼生活需要儀式感？

他的回答是：「一頓營養美味的早餐、紀念日裡的一束鮮花、開學前的新書包、過年時門上那一副春聯、每天出門前的擁抱、臨睡前的一句晚安……這些浪漫而溫情的細節，可以讓生活還是生活，而不只是生存。」

有人抱怨自己的媽媽不管做什麼、吃什麼、去哪裡都要猛拍照，照片存滿了好幾個硬碟，延伸出來的討論是：為什麼要記錄生活？

他的回答是：「因為小朋友又不會永遠都這樣無憂無慮，因為大朋友又不會永遠都這樣風華正茂，因為日子又不是每天都有那樣的日出或日落，因為路上又不會每天都發生那樣的彩虹或者微笑……所以，不能浪費人間這個攝影棚，拍得不好沒關係，沒有記錄才可惜。正是這些點點滴滴的小美好，拼湊出熱愛這人間的理由。」

有人吐槽因為扶老人被訛一頓的人太傻了，延伸出來的討論是：如果好人沒有好報，那還要做好人嗎？

他的回答是：「不能因為自己活得精明，就去挖苦那些見義勇為的『傻子』；不能因為自己是個憤青，就瞧不起那些為了謀生而蠅營狗苟的人；不能因為自己窮困潦倒，就到處宣稱有錢人都是『為富不仁』。好人沒有好報又怎樣呢？就當作是幫子孫後代積陰德吧！」

有人講自己最近的生活遇到了怎樣的麻煩，想做的事情發生了怎樣的曲折，然後說「活著沒意思」。

他也不去教育誰，而是跟大家講他的心臟又填了什麼東西，骨頭又做了什麼手術，語氣輕鬆得就像女孩們在討論最新流行的口紅色號。

熱愛是生活的解藥，它能讓你在現實沉重時覺得輕盈，在人生虛弱時覺得自己貴重。

就像有人跟一個罹病的小朋友說：「你看起來一點也不像個病人。」

小朋友的回答是：「如果看起來就是一副病人的樣子，就會真的輸給疾病。」

你不能等生活不再艱難了，再決定讓自己快樂起來。即便上天為你安排的只是一個普通的人生，你照樣可以像個小孩子一樣去買你喜歡的東西，像國中生一樣熱鬧地吃著路邊攤，像大學生一樣博覽群書，像熱情的粉絲一樣去漫展蹲喜歡的畫家……

慢慢你就會發現，這個世界其實是一場盛宴，它迫不及待地要闖進你的耳朵、眼睛和鏡頭裡，以至於每一個平淡無奇的日子都被你過得閃閃發亮。

生活的本質是，你要什麼，它就不給你什麼。而生活的智慧是，給了你什麼，你就用好什麼。

2

有個女生傳訊息給我：「老楊，我不知道該熱愛什麼。」

她說她待在一個很讓人難受的群體之中，除了一個經常眼瞎、心也瞎的老大和一個經常嘴賤、心眼還壞的煽動者，其他人都是整日一言不發。

而她既沒有那個能說善道的人能說，也沒有那些一言不發的人能忍。

她跟我吐槽了她乏味的工作，說她非常迷茫，既找不到工作的意義，也沒有社交的興趣，每天活得就像行屍走肉，沒有要追的夢想，不知道未來在哪裡，也不知道該往哪個方向努力，滿腔的熱情都耗費在討厭主管和同事上。

她問我：「怎樣才能找到熱愛的事情呢？」

我的回答是：「沒有人從娘胎裡出來就知道自己熱愛什麼，多試試就知道了。就好比說，你不知道自己喜歡蘋果還是西瓜，你就去吃一口，自然就知道了。」

我的意思是，光靠「想」是不可能找到熱愛的事情的，你得嘗試，以便了解自己喜歡什麼、不喜歡什麼。

光靠嘗試也不夠，你還要能勝任。如果一件事情你總是搞砸，那麼這件事情就很難長久。

光靠勝任依然不夠，你還要想清楚自己願意付出多大的代價。

你說你喜歡潛水，那你就問問自己：能不能接受繁瑣、複雜、艱苦的培訓？能不能克服對高壓、水下黑暗和未知區域的恐懼？能不能為了提高水準而強化鍛煉，並為此變得自律？

你說你喜歡旅遊，那麼你就問問自己：當其他部落客都是攝影大神時，沒有這項技能的你，敢不敢從零開始學習？當其他同學都陸續在大公司裡找到了體面的工作，你甘不甘心放棄這個選項？當你每天奔波在離家很遠的陌生城市，並且收入不穩定時，你能不能接受這樣的局面？

怕就怕，你只是學了幾年，就想要風光的地位；你只是讀了幾本書，就想要成為博學的人；你只是努力了一陣子，就想成為人上人；你只是堅持了一會，就想擄獲某個人的心；你只是三分鐘熱度，就想找出自己熱愛什麼……

你冬天的時候盤算夏天的計畫，要看海，要爬山，要告白，要跟喜歡的人周遊天下。可當夏天真的到來時，你又只想待在冷氣房裡，心裡還嘀咕：「傻子才要出門！」

你活得就像一顆被水泡過的種子，對任何事都打不起精神。即便是看見了新奇有趣的事物或者風景，你也只是冷冰冰地說一句：「哦，那又怎樣？」

結果呢？你一邊抱怨著生活的枯燥，一邊又不願做任何改變。你對愛情沒有期待了，對前途沒有追求了，對生活沒有期盼了。

你打消了一百次跟老闆提加薪的想法，又撲滅了一千次離職的想法，就像每天不知道中午吃什麼一樣，你也不清楚每天待在公司裡有什麼意義。

你不管晚上幾點睡覺，早上出門的時候身體就已經顯示電量不足了；你坐在電腦前就開始想午餐要吃什麼，而吃午餐的時候又在跟自己「勵志」——「再撐幾個小時就下班了。」

我想提醒你的是，那種終身受益的熱愛絕不是一伸手就能拿到的，也不是腦門一熱就能擁有的，而是經歷了猶豫、迷茫、困惑、折磨，甚至是退縮之後，你終於把像磚頭一樣的辭典、海量的資訊、晦澀的專業知識、麻煩的行業規則一點點吃透，對整個行業瞭若指掌，從滿腔熱血到輕鬆勝任，再到豁然開朗，就像是被打通了任督二脈一樣。

換言之，熱愛是結果，認真去做才是起點。怕就怕，很多人的一生都在瞄準，卻忘了開槍！

3

當你還是個孩子時，你不知道自己最喜歡什麼，但你有足夠的好奇心，可以嘗試，可以隨心所欲地學畫畫、學唱歌、學鋼琴、學表演……重要的是，沒有人會跟你說：「那個賺不到錢。」

當你長大了，你睜開眼睛是父母養老、房貸、車貸，閉上眼睛是學習、工作、前途、感情。你拚命賺錢，錢沒賺到；拚命找愛，愛也沒找到。你上怕父母衰老，下怕同齡人超越，一旁的另一半還不依不饒。

結果是，你從一個理想主義少年變成了一條外焦裡嫩的鹹魚。

你得到了想幾點睡覺就幾點睡覺的自由，得到了一拳能把西瓜打碎的力量，得到了想去哪玩就去哪玩的實力，得到了想和誰好就和誰好的社交，但你的快樂不見了，你熱愛的一切都變得涼颼颼的。

你的心臟依然在跳，你的大腦依然在活動，但這只是醫學上的活著，你的身體不過是一具空洞的軀殼，重複地過著機械化、乏味、失敗的每一天。你不過是擁有肉體的幽靈，在絕望、痛苦、抱怨中苟延殘喘。

但真正意義上的活著，是你的大腦不僅在活動，而且還能迸發出美好念頭；是你的心臟不僅在跳動，而且還能為了什麼而歡欣雀躍。

我的建議是，你要認真地把生活中為數不多的開心畫成重點，在每個糟心的時刻反覆誦

讀；你要瘋狂地收集每一個微小的快樂瞬間，用它們去回擊每一個糟糕的日子。如此一來，你會覺得人間可愛，實在值得下凡歷劫。

希望你能擁有一個有熱愛加持的人生：

不為性格上的瑕疵而遺憾，不粉飾能力上的殘缺，不苛求完美，不假裝跟世界抱成一團，不允許自己被某種潮流脅迫。

想做什麼就馬上行動，選定目標就不輕易放棄；想去哪裡就做好規劃，收拾行囊就趁早出發；喜歡誰就大膽表達，誠誠懇懇不留遺憾。

知道合群不是務必，知道精緻不是必須，知道有趣不是單選。

知道很多事情超出了自己的能力，所以會盡量把能做到的都做好；知道很多事情都身不由己，所以會在能力範圍之內給自己最好的生活。

只要皺紋沒有長進心裡，你就永遠風華正茂；只要你還懷有熱愛，你就永遠天真浪漫。

「三十而已」的意思大概是：三十歲也只不過是心裡面住著十個三歲的小朋友，而已。

4

總有一天，我們都會變成這個世界的過客。然後，這個美麗的星球上將不會再有任何你存在過的痕跡。沒有人再記得你，沒有人知道你愛過誰，沒有人記得你丟過的臉、取得過的成績……如果你能想通這一點，那麼管他什麼面子、裡子，管他什麼人情世故，管他什麼壓力、焦慮，統統都不重要了。真正重要的是，在這有限的一生中，你是怎麼活的。

所以，請你一定要熱愛點什麼，好讓這縹緲的人生有盼頭，好讓這麻煩的生活有看頭，好讓這乏味的日子有甜頭。

所以，請你繼續做你認為正確的事情，然後接受可能發生的事與願違；請你繼續用自己的頻率振動，這個世界有很多美好的東西在等著與你共振。

一旦失去了熱愛，就意味著人生這場戲，你還未登場就已經失去了懸念。

我們來到這個世界，就應該跟美好的人、熱愛的事、芬芳的靈魂熱情相待，唯有這樣才不枉來這人間走一回。

更重要的是，當你有了熱愛，就算遇到了糟糕的局面，你知道自己還有一個備份的世界，那裡有你備份的夢想、平靜、詩意和美好。

哪怕眼前的世界瀕臨崩塌，你也能透過熱愛來恢復你的人生作業系統；哪怕當下的生活一地雞毛，你也能透過熱愛來和地球重修舊好。

生活在什麼地方築起圍牆，熱愛就能在那裡鑿出一道門。如果麻煩的生活是一場密室逃脫，那麼熱愛就是亮著光的安全出口。

來吧，敬豐盛的晚餐、溫暖的床，以及命不該絕。

去吧，祝你路途平安，橋都堅固，隧道都光明。

17

關於教養：真正的教養，是將心比心的善良

1

有的人就像被無良商家擺在貨架上的草莓，示人的那一面新鮮誘人，但背地裡其實早就爛透了。而有的人剛好相反，第一眼看起來普普通通，但打過交道就會發現，她美好得像一份賀禮。黃小姐就屬於後者。

在社群上發合照，她除了精修自己的照片，也一定會修別人的。在發布之前，她會事先徵詢別人，別人同意了，她才會發。

和朋友去吃特色小吃，朋友肚子不太舒服，所以剩下很多。在結完帳之後，黃小姐特地跟店家說：「她肚子不舒服，所以吃不了多少，你做得很好吃。」

在公司裡聽見誰在非議某某，她只是微笑著離開，既不參與其中以求勾結或者滿足八卦心理，也不告密以謀取私利。

不管跟誰打交道，她不會因為你的職位低就小看你，也不會因為你是主管就去巴結你。

有新人來報到，她會耐心地跟人講解工作流程和注意事項，還會主動為新人的工作把關，但絲毫不會讓對方感到拘謹或者覺得自己笨，也絕不會讓新人當代罪羔羊，更不會免費地「使用」新人。

和異性相處時，她總是跟人保持一個得體的距離。不會跟已婚男同事單獨出去吃飯，也不隨便跟異性曖昧撒嬌。即便某次艱巨的團隊任務只有她一個女生參與，她也絕不要求特殊待遇。

戀愛分手，就算她很難過，也不會在社群上呼天搶地。有人要幫她介紹新對象，她會禮貌地拒絕，並表明自己需要一段空窗期，以示對前任的尊重。

她也會跟人借東西，但是，借了別人的行動電源，她會充滿電再還回去；借了別人的雨傘，她會折好了再還回去；借了別人的衣服，她會洗乾淨了再還回去；借用了別人的電腦，原本是怎樣，用完之後還是那樣。

所以每次看到「教養」這兩個字，我的腦子就會自動將它與黃小姐畫上等號。

教養跟美醜和文化水準無關。有的人很有文化但沒有教養，有的人學歷不高但很有教養。教養可以彌補文化的缺陷，而文化卻填補不了教養的空白。

教養跟出身和財富無關。飛往巴黎的頭等艙上也有言語輕浮的大老粗，農田之間也有人懂得禮義廉恥。

教養也跟身分和年紀無關。一個人能被一群人尊重和喜歡，一定是這個人在發生了很多事情之後，還能夠乾乾淨淨地站在那裡，表現得比其他人更加從容、更有肩膀，絕不是因為年紀比較大，或者是待在公司的時間比較長。

所以，就算你是長輩，是老師，是主管，這並不代表「你理所當然要受到尊敬」或者「你有權輕視誰」。這些稱謂除了是身分的代名詞，它同時還是一種要求：要求你為老當尊，而不是倚老賣老；要求你為人師表，而不是頤指氣使；要求你敢作敢為，而不是處心積慮。

真正的教養，不是姿態卑微，而是無論面對比自己優秀還是不如自己的人，都同樣謙遜有禮；不是簡單的言行，而是文化的累積和習慣的養成；不是浮於表面的客套，而是從骨子裡流露出來的分寸感和界線感；不是演給誰看，而是既在人前自我約束，也在人後自我要求。

2

惠子封鎖某人的那天，賭氣買了十張某歌手的專輯。

事情是這樣的，惠子喜歡這位歌手好多年了，每一張專輯都會買，每一首歌都會唱。前幾天，這位歌手出新專輯了，惠子就分享到社群裡，還洋洋灑灑地寫了八百多字的讚美之詞。

結果那個人在底下連留三則留言：

「也就那樣啊，唱功太差了。」

「我一直都不喜歡他，感覺他好假。」

「他只不過是仗著嗓門大罷了，沒什麼真本事。」

惠子的心情陡然變得濕漉漉的，就像海綿吸飽了水一樣沉重。她把截圖傳給我，並問道：

「你說這人是不是腦子有毛病？」

我回覆道：「更像是單純沒有教養。」

事實上，批評別人喜歡的東西，並不會讓別人討厭那個東西，只會讓別人討厭你。

有教養的表現是：雖然我喜歡紅燒排骨，但我絕不會詆毀你喜歡的玉米排骨湯；雖然我喜歡搖滾樂，但我絕不會諷刺你喜歡的流行樂；雖然我喜歡休閒服飾，但我不會鄙視你喜歡的正裝。我絕不會一提到我討厭的就急忙地說：「這是人吃的嗎？」、「這是人穿的嗎？」、「這是人幹的嗎？」

別人說「我好累啊」，你說「躺著也累嗎」。是的，有時候睡覺都累。

別人說「我很忙，不想說話」，你說「再忙也不至於連說話的時間都沒有」，真的至於，這種「忙」是大腦層面的忙，不是「我忙到抽不出時間」，而是「我腦子的記憶體不夠了，暫時不支援對話功能，就像C槽已滿」，懂了吧！

所以我的建議是，表達自己的觀點或者喜好時，不要先去否定別人的；抬舉某個人時，也不要透過貶低另一個人來實現。

看到別人視若珍寶的事物，而你欣賞不了時，就算做不到假裝認同，也應該學會保持沉默。你可以討厭某種東西，但你要允許它的存在，以及允許別人喜歡它。意識到他人和自己不一樣是一種很重要的能力，接受別人和自己不一樣是一種很難得的教養。

事實上，別人喜歡的音樂不爛，只是你不喜歡而已；別人做的飯菜不奇怪，只是不對你的口味而已；別人的穿著不怪異，只是不符合你的審美而已。

退一萬步講，就算他養的哈士奇要結婚，娶的是唐老鴨，這也跟你沒關係。

如果你不認同他的做法、活法或喜好，你可以轉身走開，可以保持沉默，可以直接滑過去，不要沒完沒了地糾正，不知輕重地指責。

不惹人煩的三個前提是：不要動不動就說自己有多可憐、不要動不動就講自己的光輝歲月、不要動不動就教人做人。

需要特別強調的是，你當然可以繼續喜歡你喜歡的東西，但是，如果你很清楚某個人不喜歡某樣東西，那麼你就不該在他面前炫耀或者抬舉那個東西。

不詆毀別人的喜歡是一種教養，不故意捧高別人的不喜歡也是一種教養！

真正的有教養，是一種見過世面的溫柔，能體會囊中羞澀的窘迫，能理解窮人乍富的傲慢，能想像井底之蛙的短淺，能寬容愛慕虛榮者的吹噓，因此變得克制且有風度。

3

法國電影《逆轉人生》打動了很多人。

男主菲利普是一位富翁，因為跳傘事故導致頸部以下癱瘓，所以他需要有人一直照顧他的生活起居，但他又頻繁地辭退看護，理由是「她們太同情我了」。

直到德里斯的出現，德里斯原本只是一個沒興趣上班、只想混一份救濟金的窮人，他常常忽略了菲利普全身不能動這件事，所以鬧了很多笑話，但是時間一長，他們倆卻相處得非常融洽。

曾有人勸說菲利普辭退這個粗魯的小夥子，但菲利普說：「他總是忘記我不能動的事實，我要的就是這種沒有特殊對待、沒有歧視、沒有憐憫的感覺。」

是的，不論是多麼特殊的軀體，要的不是身殘志堅的光環，也不是走到哪都有優待和幫助，而是大家發自內心地認為「這個人和我是一樣的」。

所以，當身有殘疾的人從你身邊走過，你的不刻意就是教養；當一位穿著超短褲的美女在你面前摔倒，你的目不斜視就是教養；當朋友揹著高仿的名牌包包小得意時，你的看破不說破就是教養。

任何人都不應該隨便把一個人放在弱者的角度上去對待，真正有教養的人，並不是行動上的鋤強扶弱，而是內心深處不分你我的態度。

就是在個子矮的人面前不談身高，在胖子面前不談體重，在皮膚不好的人面前不談膚質，在來自單親家庭的人面前不談家庭，在單身的人面前不談愛情。

就是在交往過程中顧及對方的顏面，適當地迴避別人的難堪，不讓人下不了台，不談論別人的隱私，不看輕別人的煩惱，不炫耀自己的優越感，不消費他人的不幸，不把尖酸刻薄當作真性情，不將沒有輕重當作耿直。

所以，不知道該不該說的時候不說，不知道該不該問的時候不問。

不要在大放厥詞之前，或者明知道那樣說會惹別人生氣，還偏要加一句「不知道該不該講」，當然是「不該講」呀！

不要在找人幫忙時只傳一句「在嗎」，請把要說的事情一併傳過去，好讓對方判斷「我究竟在不在」。

不差別對待的尊重永遠比同情更有人情味，有分寸的關懷永遠比氾濫的關愛要高級。

4

教養可以「傳染」。

一個做兼職的女大學生不小心踩爛了一顆聖女番茄，飛濺的果汁弄髒了一位小姐的裙子和絲襪，女大學生不停地道歉，那個小姐則非常平和地對她說：「沒事的，你又不是故意的。」後來，別人把這個女大學生的什麼東西弄髒了，她也不會生氣，她說這是那位小姐教會她的。

教養可以避免傷害。

一個帥氣的男生被一個女生當眾告白，面對周圍人的圍觀起鬨，男生笑呵呵地對那個女生說：「告白這種事情怎麼可以讓女生來做呢？」

等周圍的人都散了，男生非常認真且誠懇地對女生說：「不好意思啊，我有喜歡的人。」這個舉動非但沒有讓女生難過，反倒讓女生覺得自己眼光真好。

教養可以打消猜忌。

教街舞的男老師是個愛笑的大男生，每次幫女學員壓腿的時候，總會雙手合十地說一句：「得罪啦。」如果哪個學員的衣服短，他會把自己的襯衫蓋在學員的背上再壓；矯正姿勢的時候，也盡量用手比畫。

教養可以讓這個世界更溫暖一點。

一個賣花的老人被保全趕出了商場，因為商場規定不能這樣在裡面賣花。保全看拎著花籃的老人很傷心落寞，就從老人手裡買了一朵，並把花送給了老人。之後，老人手上掛著花籃邊走邊笑，有人要買那朵花時，她說：「這朵不賣。」

教養可以增加這個世界的安全感。

幾個大男人在大晚上吃飽喝足之後，邊散步邊吹牛皮，這時候迎面走來一位女子，這幾個人就自覺地降低音量，並且盡可能地往路邊靠。

如此說來，讓世界變得更好的重點不在世間真偽，而在你內心善惡。一旦你在做事時懂得換位思考，謙遜就會自動出現；一旦你在待人時能夠心胸坦蕩，可靠的印象分數就會自動上升；一旦你在生活中學會了將心比心，教養就會刻進你的骨子裡。

這個世界是怎麼變好的呢？

就是當你遭遇了惡意，你就讓惡意到你這裡為止，而不是用壞人的方式去對待其他人。

當你遇到了善意，你不一定要急著報答對方，而是將這份善意傳遞給其他人。

最後，希望有人覺得認識你是件幸運的事情。

18

關於可靠：真誠是效果最好的套路，可靠是成本最低的社交

1

我認識一個女生，她的口碑很差，但異性緣很好，她的策略就是「搞曖昧」。

做值日生的時候，她會主動找男生打鬧，一旦對方拿掃帚跟她對峙，她動不動就來一句：「打呀打呀，你捨得嗎？」

跟男生借資料或者在通訊軟體裡閒聊時，她動不動就說：「謝謝幫忙，愛你唷。」、「好的，啾。」、「你對我太好了，我怎麼這麼喜歡你。」

有男生跟她告白，她不喜歡也不拒絕，而是一直拖著，免費地享受著男生送的禮物和給予

的陪伴。而當她被人拆穿，問她為什麼劈腿時，她卻一臉無辜地說：「我又沒有答應當你的女朋友，你憑什麼管我？」

你看，異性緣好不好，並不完全取決於這個人優不優秀，有時候還取決於這個人想不想。

面對周圍的異性，不開撩、不捧場、不勾肩搭背、不稱兄道弟的人，就算再好看，也不會「哥們成群」。

面對別人的示好，不留餘地、不給暗示、不搞曖昧的人，就算再優秀，也不會有甩不掉的「跟屁蟲」。

怕就怕：

認識你的第一天，他跟你聊叔本華，聊尼采，聊莊周夢蝶，而認識的第二天，他就跟你要素顏照。

加你社群帳號的第一個星期，他和你聊音樂，聊文學，聊人生理想，而認識的第二個星期，他跟你聊起了他住在山裡種茶葉的苦命爺爺。

互相關注的第一個月，他和你聊星座，聊電影，聊文藝的日常，而認識的第二個月，他跟你聊起了讓他年薪百萬的理財產品。

都說「萬物皆可放大」，但再高的畫素，也看不透人心；都說「自古套路得人心」，但在感情裡，套路只會傷人心。

慢慢你就會明白：很多人的關心是「隨便轉轉」，很多人的喜歡是「隨便看看」。

他對你噓寒問暖，不一定是喜歡你，也有可能是因為你給他的回應最多，或者跟你在一起，他最省力氣。

他秒回你的訊息，不一定是喜歡你，也有可能是他閒得無聊，剛好在看手機，而你恰好送上門來，那就跟你聊幾句，反正都是打發時間。

他誇你好看，不一定是喜歡你，也有可能是隨口誇一下。他只是擅長誇人，或者說他見誰都誇。

他給你承諾，不一定是喜歡你，也有可能是他喜歡承諾，又或者是當時的氣氛不錯，所以他的嘴巴未經大腦允許就張開了。

所以，當你聽到有人輕易對你許諾「永遠」的時候，希望你的大腦能馬上拉響警報，並循環播報「不信謠言，不傳謠言」這八個大字。

這個世界沒有免費的東西。如果你正在使用免費的產品，那麼你可能就是產品；如果你正在享用免費的晚餐，那麼你可能就是晚餐。

2

星期三的早上九點多，趙公子突然對我說：「老楊叔叔，我快被公司裡的馬屁精氣瘋了。」

我回：「你再叫我叔叔，我就把你摳鼻子的照片公之於眾。」

趙公子剛參加工作沒多久，公司每天早上都要開例會，這是他最難受的時候，因為要聽一個能說善道的傢伙變著花樣讚美主管的「高瞻遠矚」，同時大家還要被這個傢伙用放大鏡挑出毛病來反覆批評。

今天的倒楣鬼是趙公子，那個傢伙批評趙公子的髮型太潦草，會降低客戶的信任度；說趙公子跟客戶聊天的時候笑得不夠熱情……

趙公子怒火中燒，卻只能在心裡回嘴，因為最近缺錢，所以他忍了。但還是免不了陰陽怪氣地跟我說：「這種馬屁精就是山間竹筍，嘴尖、皮厚、腹中空。」

我回覆道：「馬屁精最擅長的事情，就是在無權無勢的好人身上挑毛病，在有權有勢的壞人身上找優點。」

他以為我是站在他這邊的，連傳了一串的「對、對、對」。

但我哪會心疼人呢？所以又補了一句：「怕就怕，你只是一個無權無勢的壞人。」

你認為自己很努力地工作了，但實際上連本職工作都沒做出色。

你以為自己只是不如別人能說善道，但實際上是那個職位比你高的人，能力比你強；而那個能力比你強的人，溝通能力也比你強。

你以為自己是一片忠心被主管辜負了，實際上是你的價值根本就沒入主管的眼。

所以，那個如魚得水、談笑風生、能說善道的人在你眼裡就變成了溜鬚拍馬的人，而你只能到處喊「這個世界怎麼了」，只能怪「怎麼總是遇到馬屁精」，只能吐槽「不就只是長得好看嗎」，只能惱怒於「主管就喜歡聽好話」。

你只是注意到：

他一見主管就訴苦，把自己做的事情從頭到尾說個遍。

他動不動就向主管邀功，恨不得把自己做的一點點貢獻都完完整整地講一遍。

他一見到客戶就親熱到不行，恨不得把對方家裡養的貓咪都誇成國寶。

你聽了只想翻白眼，或者覺得倒胃口，因為在你看來，「我比你辛苦，我比你做得好，我不屑於那麼說」。

可你沒注意到的是，

他交給客戶的文件，會釘得整整齊齊的，文件的字體、邊界、排版都恰到好處。

他和主管一起出門，會事先查好兩條以上的路線，知道在哪個路口叫車最方便、哪家餐廳的菜好吃、哪間飯店乾淨又安靜。

客戶來見面，他會事先備好幾種飲品，把客戶需要的和可能需要的資料都詳盡地準備好。

過年過節的時候，他總會為客戶準備一點小禮物，甚至幫客戶參謀孩子該去上哪家幼稚園……

這樣的人，你是不是得承認，假如你是他的主管或者客戶，你會覺得很舒服，而這也意味著，交易能完成，訂單能簽下來，公司能賺到錢。

所以你說，主管為什麼會偏愛這些人，心裡有數了吧？

不要再抱怨「這年頭能做的不如能說的，有情的不如有顏的，掏心的不如掏錢的，厚道的不如圓滑的」。

我更願意相信，是能做的不如「能做又能說」的，有情的不如「有顏又有情」的，掏心的不如「掏心又掏錢」的，厚道的不如「圓滑又有原則」的。

事實上，真正把你比下去的，不是別人擅長討喜、比你能說善道，而是你長期把自己鎖在不甘心的情緒裡，想要出人頭地卻在實力上長進甚微。

真正讓你難受的，不是人情社會的惡劣，而是你只看到了他溜鬚拍馬的表象，卻沒看到他能力出眾的實質；你只看到他彎腰的恭維，卻看不到他在溝通上的主動。

不會拍馬屁，不會說客套話，沒問題的，既然你的家教、道德、人品、性格不允許你當馬屁精，既然你不屑也不擅長用誇張的表演套路來吸引關注、贏得機會，那就用過硬的本事、誠實的為人、可靠的行事來贏。

有錢就把日子過漂亮，有本事就把事情做出色，什麼都沒有就把人做好，不要因為看某人不爽就在背地裡陰陽怪氣。

人這一輩子，陰陽怪氣的次數是有限的，誰先用完，誰先死。

3

我喜歡可靠的人，因為他們對自己的要求比對世界的高。比如老高，即便在凌晨三點鐘過馬路，他也會等綠燈。

前陣子，老高帶下屬去見一個大客戶，結果下屬做的報表資料上有個標點符號用錯了，老高面露慍色，但還是耐著性子跟下屬強調了「別再出這種小錯誤」的重要性。

為這份報表熬了很多天的下屬顯然是不耐煩了，眉頭緊鎖著問：「這個客戶跟我們合作了七八年，一直都很信任我們，你有必要為了一個符號計較嗎？」

老高很認真地回覆道：「客戶的信任只有一百分和零分。我們之所以能愉快地合作這麼多年，是因為客戶覺得我們可靠，對我們放心，所以不怎麼審核細節。如果你這個地方錯一點，那個地方又有瑕疵，他們就會懷疑我們在別的地方也有紕漏，就會認真檢查。這先不說，他們還會把我們跟別的公司做比較。你想一下，這個城市有幾十家甚至上百家同行，誰比我們差多少呢？我們還能這麼輕鬆地拿下這個訂單嗎？」

不管是談感情，還是做生意，真誠是效果最好的套路，可靠是成本最低的社交。

可靠的人是什麼樣子呢？

他從來不是只用嘴巴辦事，而是用行動說話；他勸別人做的事，他自己真的能做到；他的原則和底線在人前和人後是一致的。

他不怕得罪誰，也不屑於討好誰；他以結果為導向，不會輕易被情緒沖昏頭腦。

他尊重身邊的每個人，而不是只討好有權力或者有資本的人；他看重規則，而不是唯利是圖。

他在開始之前有準備、有規劃、有執行力，在進行的過程中有回饋、有溝通、有協調；更重要的是，他會因為專業能力而獲得別人足夠的信賴，又會因為被信賴而變得更加專業。

而不可靠的人是什麼樣子呢？

跟你約好上午九點見面，他十點還沒出門，然後找一堆理由來搪塞；你昨天問的問題，他三天之後才回一個「好」字；約好了一起商量對策，結果他轉身就在遊戲裡抽不出身來，感覺就像是，你跟他玩躲貓貓的遊戲，你躲好了，他卻回家了。

他什麼事情都跟你保證「行」，什麼要求都說「沒問題」，什麼人都說「我認識」，什麼東西都表示「我懂」。

動不動就說「改天一定」、「下次保證」，但真的做起事情或者遇到問題了，他是一問三不知，要不就是事到臨頭了才跟你說一句：「不好意思啊。」

借錢時，他一口一個大哥，你就真以為自己多了個兄弟姐妹，等要帳時你才發現是自己把輩分弄錯了，他哪是你的弟弟，分明是你的老大哥。

判斷一個人是否可靠，不在於他的學歷、職位、能力、閱歷，而在於他是不是總喜歡把事情都拖到最後，才加班加點去做；在於他和不喜歡的人共事時，是不是也能交出一份漂亮的答案卷；在於他遇到不公平的狀況時，是任由情緒把自己拖進深淵，還是以履行職責為第一要務；在於他對時間和規則的態度，是不是在沒有人監督的情況下，還是能夠守住底線？

可靠就是，人品過關，讓人安心；說話算話，讓人相信；做事細心，值得交付；做人真

誠，無須防備。

哦，對了。還得提醒一句：做人誠懇不等於什麼都說，還是保留一點神祕感為好，比如別人問我的體重，我就說大於五十公斤，多出的幾十公斤，無可奉告。

4

在北京大學的畢業典禮上，饒毅教授講了一段話，贏得了熱烈的掌聲。他說：「請原諒我不敢祝願每一位畢業生都成功、都幸福。因為歷史不幸地記載著，有人的成功代價是喪失良知，有人的幸福代價是損害他人……如何在誘惑和艱難中保持人性的尊嚴，贏得自己的尊重，並非易事，卻很值得！」

事實上，一個人就算一生碌碌無為，但如果能做到不乘人之危，不落井下石，不利用別人的善良，不辜負他人的信任，不因為別人比自己過得好就在背後使壞，就已經在做人的層面上打敗了很多人。

事實上，有的人只是顯得「很會做人」，但實際上「特別不是人」。

他會在私底下跟人賣力地挖苦諷刺某個主管，然後見到那個主管時又賣力地拍著各種馬屁。

他會在眾人面前表現出對某個空缺的職位不屑一顧，卻又私底下拉每個人投他一票。

聽說別人做了好事，他總是懷疑別人的動機；一旦別人做了壞事，他就直接相信那個人是有意的。

誰得勢了，他就猛貼過去；誰落魄了，他就倒打一耙；然後還會千方百計地解釋，以表明自己不是勢利小人。

弄虛作假得逞了，就自詡聰明；被人拆穿了，就假裝道歉，而且一旦道了歉，還沒等別人原諒，他自己就已經率先原諒了自己。

怕就怕，你把這種「會做人」的人當成了榜樣。結果是，不愛喝酒的你在面對位高權重的人時，也迫不得已喝得酩酊大醉；不喜歡社交的你在混亂的環境中，也學會了拉幫結派和鉤心鬥角；沒有壞心眼的你講起了場面話，學會了包裝人設，醉心於賺快錢……

但我想提醒你的是，這世上除了真誠以外的動作，多少都有點走樣，這意味著，任何弄虛作假和投機取巧的行為都很容易被人識破。如果你還在為自己的小心思得逞而揚揚得意，要嘛是別人都在配合你，要嘛是大家正在合夥看你的拙劣演出。

所以我的建議是，

不要故意消耗和浪費別人的真心，不要當面一套背後一套。

有什麼想法不一定都要說出來，但一定不要說假話。

知道的事情要挑著說，不知道的事情不輕易附和，更不能添油加醋地亂說。

當著人的面說了什麼，背著人的時候還是那樣說。

在外面用什麼態度和老闆講話，回到家就怎麼和家人說話。

少一些口是心非，少一些欲擒故縱，少一些死要面子。

真誠地對待自己喜歡或者喜歡自己的人，喜歡就是喜歡，不喜歡就說不喜歡。

沒有蓄謀已久的試探，沒有藏匿遮掩的目的，只是抱著真誠並肩同行。

如此一來，你就可以坦然地唱著那首張國榮的〈我〉：「我很慶幸，萬物眾生中磊落做人，懷著誠懇，告訴世界何謂勇敢。」

希望你能做一個可靠的人，窮的時候不偷拐搶騙，富的時候不目中無人，苦的時候不出賣朋友，難的時候不算計別人。能保持敏感，卻會因為思想通透而顯得格外豁達；能保持溫柔，卻會因為有風骨而不顯媚態。

關於有趣：不是生活太無聊，而是你沒意思

1

當你還是個孩子的時候，你可以蹲在草地上跟蹤一隻螞蟻，一蹲就是一個上午；當你是個少年時，為了見喜歡的人，你可以翻山越嶺去找他。可是過了二十歲，你卻逐漸變成了一個死氣沉沉、面目模糊的不可愛大人，可以為了結婚而跟一個沒那麼喜歡的人在一起。

你的腦子裡堆滿了喪氣的話：「熬夜沒意思，手機沒什麼好玩的，電影沒什麼看頭，綜藝不搞笑了，朋友沒以前好玩了，生活好無聊，人間不值得，這個世界沒勁透了……」

你叫囂著生活無聊乏味，卻又在百無聊賴中草草度日；你抱怨理想與現實相差太遠，卻又在碌碌無為中放棄追逐。

你一邊說著來日可期，一邊又荒廢著當下的日子；你一邊強調明天會更好，一邊又把今天的爛攤子都留給明天。

你的生活就像是坐牢一樣，牢房是你，犯人是你，看守也是你。

你的人生就像開車一樣，你一隻腳在猛踩油門，另一隻腳卻狂踩剎車，然後任由青春、熱情、夢想就這樣痛苦地消耗著。

那麼，到底是誰在你的精神食糧裡下了蒙汗藥？

答案依然是你。是藏在你身體裡的那些什麼都想要的貪、什麼都不願意嘗試的懶、總擔心出糗的，以及對任何事情都打不起精神的敷衍。

換言之，不是人間不好玩，是你不好玩；不是生活沒意思，是打不起精神的你沒意思。

2

我去醫院做核酸檢測，碰見了徐小姐。她的小拇指綁著繃帶，看見我了，她像展示獎狀一樣晃了晃她的繃帶，樂呵呵地對我說：「最近只能算九以內的加減法了。」

我問她：「怎麼弄的？」

她咧著嘴笑，然後一本正經地對我說：「這件事特別奇幻，我一直都喜歡掰手指頭，『喀嘣』一下會響的那種。今天我跟平常一樣，大拇指、食指、中指、無名指，都掰響了，輪到小拇指的時候，掰了幾次都不響。我就不服氣，心想『我還治不了你嗎』，就加了一把勁，然後，骨折了。」

我扶著牆笑了好半天，她也扶著牆笑，唉！

前陣子有個專案很急，她在工作日已經熬了好幾次夜，休息日的大清早還得擠公車去加班，但她撿了一路的樂子：「車站旁邊的商店裡居然在放周杰倫的歌，而且是我最喜歡的那首〈晴天〉；等公車的人很多，排到我的時候，車上居然還有座位；到公司了，平時一向人滿為患的電梯前居然只有兩個人，我剛走到電梯口，電梯門就開了；到公司發現自己是最早到的，因為沒有人開門，所以我跟門口的發財樹聊了十分鐘，希望它能保佑我今年多賺點錢；中午休息的時候滑社群，發現我推薦給她的歌，竟然被她分享了，還寫道：『這是今年聽到最好聽的歌。』自己的喜歡被認可了，太開心了。」

婦女節那天，公司群組傳訊息：「祝大家婦女節快樂。」她在群組裡回覆道：「就算結婚生了孩子，我也只是一個有孩子的大少女。」

當天還發了一則動態：「十八歲很好，二十八歲也不錯；單身很好，結婚也不錯。反正我啊，要永遠做個閃閃發光的中年少女。」

面對家人、朋友的催婚，她總是笑呵呵地回應：「唉呀，以後不要再問我為什麼單身了，我是神仙姊姊，談戀愛是會觸犯天條的；也不要再問我有沒有喜歡的人，當然有啊，神仙愛的是眾生！」

我曾問過她：「你的心態怎麼這麼好呢？」

她的回答依然有趣：「我沒有什麼特別的優點，長得一般、身材一般、能力一般、家庭一般，但是這並不妨礙我喜歡這個世界呀。當我倒楣的時候，我就假裝自己是從別的星球來到地球的星際旅行者，來地球的目的是為了看海、吹風、吃好吃的。而且我還發現，人生中出現的所有問題，基本上都能用一句『又不會死』解決。如果解決不了，就再加一句『死了正好』。」

有趣從來不是逗笑別人，而是懂得取悅自己，包括不忘浪漫，不忘打扮，不忘一展歌喉，不忘笑出聲來，不忘對皺紋的敵意，不忘把錢花在自己身上，不忘在被質疑時堅定地站在自己這邊。

這樣的人永遠不會把開心的主導權交給別人。不管是玩泥巴，還是聽交響樂；不管是打遊戲，還是解數學題目，有趣的人總能從中找到樂趣。

就算這一生過得孤獨且荒蕪，就算每天活得如同薛西弗斯一樣推著巨石反反覆覆，但有趣的人依然可以選擇在下山的時候，於沿路種滿鮮花，又或是什麼都不抱怨、什麼都不期盼地看看晚霞。

如此說來，做一個平凡的人並不可怕，可怕的是平凡還不樂觀、還沒原則、還很無聊、還不努力、還不積極、還心眼壞、還不可愛，那簡直是沒救了。

連自己都取悅不了的人，無論在別人面前有多搞笑、多熱鬧，也只是在做看似有趣的表演而已。

我所理解的「有趣」就是，你首先會覺得這個世界整體而言很有意思，然後你會發現很多有意思的人和事；之後你會往自己的靈魂裡注入很多有意思的東西；最後這些有意思的東西多到從你的言談舉止中溢了出來，於是人們說：「你真有趣。」

3

周小姐是個吃貨，非常護食的那種。有一次，她端著飲料去坐捷運，經過閘門時，保全為了安檢，指著她的飲料對她說：「喝一口。」

她直接回覆：「你想喝自己去買啊！」

她說她最喜歡跟有文化的人一起吃飯，因為只要拋出一個他們擅長的話題，那麼整桌好吃的就都是自己的了。

她說她最厭煩那些擋在她去吃飯的路上卿卿我我的情侶們，甚至還專門發了一則動態：「那種很窄的路堅持要並排走的情侶，我建議你們去防洪。」

被煩人的同事氣得抓狂，到了午餐時間照樣是吃得香噴噴。別人問她：「你不是在跟人賭氣嗎？怎麼吃得下去呢？」

她把嘴裡的牛肉用力地吞了下去，然後說：「一個成熟的人，賭氣不吃飯這種事情，只會發生在吃飽以後。」

她有一陣子想減肥，可到了晚上十點就撐不住了，於是發了一則動態：「討讚啦，討讚啦，討齊一個讚，我就去吃宵夜！」

然後在大半夜分享了她的快樂心得：「心情不好的話，就去吃旋轉火鍋或者迴轉壽司吧，食物已經運動過了，所以是零卡路里。」

晚上睡不著，她拿出手機搜尋「助眠」，一不小心搜出了「煮麵」，於是大半夜起床，去廚房煮了一大碗海鮮麵。

看見有人在吃減肥餐，她竟然去問人家：「減肥餐是飯前吃，還是飯後吃？」

後來她也買了一堆減肥餐，還發了一則笑死人不償命的動態：「我終於知道大家為什麼會選擇吃減肥餐了，真的太好吃了，我一頓吃了四份。」

減肥計畫頻頻受挫，戀愛也是問題頻發。前陣子還相處得好好的，突然就跟人分手了。大家問她為什麼，她扭扭捏捏了好半天，說出緣由的那一刻，所有人都笑趴了。

她說：「那男的不管做什麼都不知輕重，接個吻像拔罐似的！」

她的腦子裡裝滿了奇奇怪怪的問題，比如：

「為什麼猴子要進化成人？搞得現在每個人都要小跑步，邊跑邊在心裡著急『快點快點』。如果大家都是猴子，每天就只要吃飽趴在樹枝上曬曬太陽。有野心的可以去爭個猴王當一下，而我只需要找個小公猴陪就行了。」

「真奇怪呀，以前靠捕獵猛獁象、生吃鮮肉才能存活的猿人，怎麼會進化成在食物裡發現一根頭髮就會大發雷霆的現代人類？」

不太熟的人會覺得她不近人情，她的回應是：「你當我的朋友看看，心肺我都能為你掏出來。」

不了解她的人會覺得她很高冷，她的回應是：「你當我客戶看看，牙齦我都能給你笑出來。」

無聊的人就算身在電視節目《相聲大會》的現場，也依然孤獨寂寞，有趣的人就算獨自待在荒郊野嶺，也依然逍遙快活。

有趣的人總能為人帶來新鮮和舒服的感覺，就像是在炎炎夏日吃了一口冰鎮西瓜，就像是在寒冬臘月烤起了小火爐。在有趣的人看來，生活有一萬個值得去愛的理由，世界有一百萬種解讀的方法。

而那些無趣的傢伙總是輕易把天聊死，跟他們相處就像在嚼一塊硬邦邦的過期臘肉。他們的臉上就像長著秒針，時刻在提醒著別人——跟這個傢伙在一起的時間可真難熬啊。

那麼你呢？

凡事都考慮：「這關我什麼事？」、「做這件事有什麼用？」、「萬一做不好怎麼辦？」所以你寧可什麼都不做。

你甚至將「成熟」的標籤貼在腦門上，然後年紀輕輕就開始嘲笑別人的天真，並為自己不經意間流露出來的幼稚而偷偷臉紅。

你對什麼都不好奇，對什麼都無所謂。既沒有對美好事物的熱情，又沒有對醜陋現象的憤怒；既沒有特別的喜好或者一技之長，也沒有對生活和工作的激情，每天活得就像一張舊報紙。

我想提醒你的是，如果這世上所有美好的東西都不能打動你，你那不是成熟，只是衰老；如果這世上所有醜陋的東西都無法激怒你，你那不叫穩重，只是麻木。

4

你要去和生活近身肉搏，而不是袖手旁觀；你要爭取把每個今天過得再精彩一點點，爭取做無趣的大人世界裡稍微有趣一點點的人。

不要到處跟人抱怨無聊，你說得越頻繁，別人就越覺得你無聊，也不要因為怕麻煩就什麼都不敢做。

船在港灣裡最安全，但這不是造船的目的；人躺在被窩裡最舒服，但這不是人生的意義。

你覺得生活無意義，常常是因為你在敷衍生活。所以，不管你是想當藝術家、詩人、導演，還是當「能把衣服搭得好看的女孩」、「擅長做燴麵的爸爸」、「能把醬料調得好吃的吃貨」，對你來說，真正有意義的事情是：如何把這僅有一次的人生瀟灑地過完，過得不留遺憾、心滿意足。

比如，把手邊的事情做好一點點，把食物做得好吃一點點，把房間收拾得整潔一點點；活得更純粹一點點，俗氣得再晚一點點，而不是整天眼巴巴地盯著別人的愜意生活，然後任由自己被抱怨、憤懣、不甘和遺憾吞沒。

就像毛姆說的那樣，如果一個人能夠觀察落葉、鮮花，能從生活的細微處欣賞生活，那麼生活就不能把他怎麼樣。

你覺得自己厭倦了生活，常常只是因為你停止了成長。所以不管你是十八歲，還是八十一歲，希望你還能撒嬌、讀情詩、看甜膩的愛情劇，還有對新技術、新發明、新潮流、新發現的好奇，還能說同齡人看不懂的段子和新詞語，還能興致勃勃地學一種樂器、一種語言，還能孜孜不倦地到全世界找好吃的、好看的、好玩的……

就像作家王開嶺在《精神明亮的人》裡寫的那樣：「讓靈魂從嬰兒做起，像童年那樣，咬著鉛筆，對世界抱有純真、好奇和洶湧的愛意。」

20 關於酷：如果你的酷非常希望別人看到，那麼你一點都不酷

1

先講一個童話故事吧。

從前，有一隻小兔子，從小就想做一隻酷兔子。讀書的時候，牠覺得那些不好好念書的人很酷，跟別的小動物打架很酷，跟小山羊翻出學校的圍牆很酷，不寫作業被罰站很酷，蹺課跟黃鼠狼在街上鬼混很酷。

工作的時候牠覺得不合群很酷，覺得誰都不理很酷，會議上吹毛求疵地提出反對意見很酷，別人熱火朝天地討論而自己卻埋頭玩手機很酷。

生活中，牠覺得穿最潮的衣服很酷，買最貴的鞋子很酷，染奇怪的顏色、剪奇怪的髮型很酷，用最新的電子產品很酷，跟父母爆發激烈的爭吵很酷。談戀愛的時候，牠覺得冷戰很酷，把另一半氣哭很酷，貶低另一半很酷，頭也不回地離開很酷，大聲說分手很酷。

可沒有誰說牠酷。

牠去問鹿小姐：「看你的動態，你不是去潛水，就是玩滑板，你可真酷！」

鹿小姐的回答是：「裝酷還不簡單嗎，大家只是看圖而已，誰知道我酷不酷？我確實會潛水，但只去過一次，因為肺被壓得超級難受；我確實喜歡滑板，但僅僅只是喜歡滑板上的顏色，所有關於滑板的照片都是擺拍的，我因為狠狠地摔過一次，所以不敢玩了。」

兔子覺得鹿小姐好像也沒那麼酷。

牠又去問了開飛機的老鷹先生。兔子說：「你總是在天上飛，可以看朝陽、落日和晚霞，你可真酷呀！」

老鷹說：「這只是正常的工作而已。」

兔子問：「那你為什麼會選擇這份工作呢？」

老鷹答：「去哪裡都是搬磚頭，我只是選了一個搬磚頭薪水高一點的工作。」

兔子覺得老鷹好像也沒那麼酷。

不得其解的兔子正好路過一家理髮店，牠想換一個新潮的髮型。理髮師只是看了一眼，就知道兔子具體上有幾天沒洗頭了；只是比畫了一下牠的腦袋形狀，就知道牠有多久沒剪頭髮了；只是捏了捏牠的皮毛，就知道牠適合剪什麼髮型；只是喀嚓了幾分鐘，就剪出了超酷的髮型。兔子覺得理髮師好酷。

走出理髮店，牠遇見了小時候經常被小動物們嘲笑的黑熊先生，黑熊先生邀請兔子去禮堂聽演講。兔子去了才知道，演講人就是黑熊先生。

黑熊先生在臺上侃侃而談，時不時還會拋出幾個冷笑話，結尾還非常嫻熟地彈了一首經典的鋼琴曲，贏得了經久不息的掌聲。兔子覺得黑熊先生好酷。

這之後，兔子不再追求酷了，而是認真地種起了紅蘿蔔。牠還研究出了紅蘿蔔新品種，開發了紅蘿蔔罐頭和紅蘿蔔飲料，並因此而富甲一方。

再後來，兔子花了很高的價錢在山頂上種了一片楊梅，每一棵樹都由牠親手打理。到了收穫的季節，牠就去山頂摘楊梅，然後花很長的時間釀酒，再分給動物城的朋友們。

這期間，兔子還喜歡上了摩托車，潛心學習了改裝技術，並到處求教越野的技巧。就在幾個月前，兔子騎著自己改裝的摩托車跑完了大半個地球。

漸漸地，動物們再提起兔子時，都會露出羨慕的神情：「牠活得可真酷呀！」

酷不是給別人看的。如果你的酷非常希望別人看到，那麼你一點都不酷。

2

肖迪不抽煙、不喝酒、不燙髮，也沒有紋身，但肖迪給人的感覺卻是「酷斃了」。

他看不慣的敢說出來，他不想做的敢直接拒絕，他想做的總能搞出點名堂來。

大學考差了，家裡人要他先將就去上大學，然後再努力考個好的研究所。他直接撕掉了錄取通知書，轉身就去重考了。

後來考上了很不錯的大學，但申請的科系又不太如意，於是他狠狠地學了一年多，竟然成功地轉系了。

大四的時候保送研究所沒成功，結果他憑實力考上了一間更好的研究所。

工作一年不太順心，他直接辭掉了人人羨慕的大學老師的工作，然後憑藉幾篇優秀的論文，被招進了研究院。

他覺得自己太胖了，一咬牙堅持一年多的時間，減了十幾公斤；看別人玩攝影很酷，他也拚命練，後來去參加各種比賽，沒少拿獎。

他的生活好像沒有太順利過，但是每一次在他想要做出改變的時候，他總能如願以償。

生活中的他也很酷。在圖書館看書的時候，鄰座的幾個人聊得肆無忌憚，周圍的人或是側目，或是搖頭，要不就是塞緊耳機，而他則是直接走過去，敲了敲他們的桌子說：「你們好，這裡是圖書館，想聊天的話，建議去旁邊的休息室，謝謝。」

聚餐的時候，大家瘋狂跟他推薦各種短影片軟體，但他只是滑了一次之後就全都卸載了。旁人問起原因，他簡單地說了一句：「太占用時間了。」

和女朋友分手了一年多，期間從未有過糾纏，但有一次在路上看見一個男生打她，他二話不說，衝過去飛起一腳，直接把男生踹進了人行道草叢裡，打完之後就轉身離開了。後來前女友打電話給他，他只是瞄了一眼號碼就迅速掛斷。

真正的酷，是貪財有道，好色有品；是知命不懼，日日自新；是外在自由，內在明亮。

與其在穿搭、人設或者言行舉止上去追求酷，不如從「做人的擔當」、「做事的能力」、「生活的心態」中尋找。這種酷是由內而外的，是靈魂的酷。

所以，如果你想活得酷一點，那就請你在眾人隨波逐流時堅定自己的方向，在眾人被煽動情緒時保持獨立的思考，在眾人悲觀消極時積極地尋找機會。

這樣的你，不會輕易抱怨，不會輕易被流行的言論影響；雖然見識了生活的難處，歷經了成長的顛簸，卻依然一腔熱忱，依然熱愛這個說不清道不明的世界，依然能夠在物欲橫流的時代找到真正讓自己舒服的活法，依然能夠在正確的時間做該做的事情，依然相信自己可以在生活的悲劇裡演一齣好戲，依然有一張沒被生活欺負過的臉。

就像有個笑話說：被車撞飛到十公尺外，爬起來也只是淡淡地說一句「來，下一輛」。

生活很苦，自己加糖；你要很酷，自己發光。

當你腳踏實地走自己的路時，那種拚命想要證明什麼的衝動就會越來越少，你也會因此變得輕鬆自在。

我所理解的酷是，做淡定的一小撮，而不是狂熱的大多數。

3

中島敦的《山月記》裡有這樣一段獨白：「如今想來，我自己僅有的那麼一點才華也都付之東流了。我常賣弄什麼『無所作為，則人生太長；欲有所為，則人生太短』的格言，其實我哪有什麼遠大的志向，無非是害怕暴露自己才華不足之卑劣的恐懼和不肯刻苦用功的無恥之怠惰而已。」

那麼你呢？

仗著年少輕狂，把同事、主管、長輩、父母說的話都當作耳邊風，誰都看不起，誰都不服氣。你覺得自己很酷，但實際上，你錯失了成長的機會，錯失了變好的可能性。

你對一切都無所謂的那種酷，不過是錯把任性當個性、無知當勇敢罷了。

你只是把「讓別人用一種特殊的眼光看自己」誤當作「有個性」。

然後動不動就擺出一副「世人皆醉，唯我獨醒；世人皆鬼，唯我獨仙」的鬼樣子，就好像自己腦子裡的那點東西有多了不得似的。動不動就說「不可與俗人道也」，但潛意識裡又害怕別人沒注意自己、沒欣賞自己、沒表揚自己。

一個善意的提醒：有些人的樂趣就是藏匿遮掩，然後看著你在那無知地賣弄。

真正的酷不是表演，不是賭氣，不是刻意唱反調，而是在一個領域做到極致；不是流裡流氣地做讓人害怕的事，也不是故作姿態地做讓人覺得奇怪的舉動，而是做成了別人想做卻沒辦法做到的事，做成了別人羨慕但沒有能力企及的事。

真正的酷是需要努力的。

你認為玩滑板很酷，那你應該去學，當你把膝蓋摔破，把手臂手肘摔出瘀青，在跳過障礙物時狠狠地跌倒在水泥地上的時候，你就會明白，真正的酷往往意味著犧牲，而不是找個滑板擺拍幾張照片。

你覺得跳街舞很酷，你應該去練習，當你為了一個動作練到腿抽筋，練到汗水把衣服浸透，練到夢裡都在跳舞的時候，你就會知道，真正的酷是需要付出辛苦的，而不是染個黃毛。

你覺得打破父母的偏見很酷，那你就應該努力去超越父母，要活得比父母更豁達、更優秀、更快樂，而不是和父母纏鬥了一輩子，最終卻活得還不如父母。

酷，應該是克服人性的弱點，壓住炫耀的衝動，從埋頭苦幹直到一鳴驚人；應該是不因自卑而表演，不因困難而鬆懈，認真地活在當下，直到慢慢改變了命運。

4

到底什麼是酷？

是穿最潮的衣服、紋難以捉摸的紋身、染新奇顏色的頭髮？是用時髦的網路用語、說髒話和狠話、開黃腔？是戴上大大的耳罩式耳機，旁若無人地走在路上，僅僅為了吸引旁人的目光或者成為眾人的焦點？

不是的。

真正的酷，是努力學習、健身、賺錢，變成更好的人；是專心做事、用心愛人，變成更純真的人；是溫柔對這個世界，真實面對自己，變成更善良的人；是正直、清白、堅韌，但不委屈自己，變成有原則的人。

努力能避黴氣，純真能避油膩，善良能辟邪，原則能避人渣。你說酷不酷？

酷是氣度。

比如電影《關雲長》中，曹操對關羽說：「雲長兄，英雄，自然你來當；小人，我來！」

又比如「六尺巷」的典故裡，張英對家裡人說：「千里家書只為牆，讓他三尺又何妨？萬里長城今猶在，不見當年秦始皇。」

酷是進取心。

比如一個非常努力的女生說：「我努力不是為了成為女強人，而是為了在遇到那個他時，既可以安心地小鳥依人，也可以精彩地自力更生。」

比如一個因為認真而被人說固執的男生說：「無論如何，我一定要試一試，就算我不能證明我可以，也要證明我不可以。」

酷是偏心。

比如因為父母生病而憂心忡忡時，你的另一半抱著你說：「有我在，錢的事，你不用擔心。」

又比如被班上的某某欺負時，死黨小聲跟你講：「誰欺負你，跟我說，我從她那邊開始收作業。」

酷是出眾。

比如老師出了一道題目，其他人都束手無策，有個人舉手回答了，思路清晰，表達流暢。

又比如團隊遇到了麻煩，其他人都焦頭爛額，有個人站出來搞定了一切，漂漂亮亮，乾脆俐落。

試想一下，如果《琅琊榜》裡的梅長蘇沒有智慧謀略和幫主威風，那他是不是就只是個孱弱的病人？

酷不分遠近，揹背包去非洲探險很酷，改造自己的房間也很酷。

酷不分水準，成為專業領域的大咖很酷，開始學習畫畫也很酷。

酷不分大小，寫一本二十萬字的小說很酷，學一道新菜也很酷。

酷也不分場合，該努力的時候用盡全力很酷，該放鬆的時候玩得盡興也很酷。

所以真正的酷，是臨危不亂，處變不驚，游刃有餘；是能扛事，能抗壓，能在困難裡發光；是不傷害自己，不傷害別人，也不允許別人傷害自己；是每天都很有希望，每天都在前進，把大片的陰影和無聊的誤解甩在身後；是敢於打破別人的期望，敢於跳出標準的人生，就算無人相信，也要一試到底，以此去體驗一下「不可理喻的成功」或「早已註定的失敗」。

這種酷，酷在靈魂深處，而不在皮囊之下。

所以，不管你選擇了成家立業、結婚生子，還是選擇孤獨終老、雲遊四海；不管你是剪紙剪了一百年，還是每天玩得不重複；不管你是習慣用理性說服自己，還是偏愛憑感性做蠢事，都可以活得很酷。關鍵在於你是真的樂在其中，你很願意折騰不止，並且你能後果自負。

最酷的活法是，該努力時竭盡全力，該玩時盡情狂歡；看見優秀的人大方地欣賞，看到落魄的人也絕不輕視；有自己的小圈子和情調，同時也尊重別人的偏愛和癖好；沒人愛時專注自己，有人愛時有勇氣抱緊對方。

Part 5

別emo：生活能治癒的，是願意好起來的人

過好每一個今天，
是我們反抗這個世界的最好辦法，
也是擁抱這個世界的最好方式。
變成更好的自己，
是回應傷害我們的人的最好手段，
也是回報愛我們的人的最好策略。

21 關於救自己：不管生活還要多久才會變好，都要先把自己變好

1

飛機失事的消息在網上發酵，一個女生傳了一則很emo的訊息給我：「老楊啊，我好難過，一下子那麼多人都沒了，我感覺很糟糕，感覺生活一點希望都沒有，你說人活著有什麼意義呢，說不定哪天就沒了，我不想努力了，混吃等死算了。」

我很認真地回覆了她，還把這段話發布到社群上：「全球每天有十萬架飛機在天上飛，這只是一個機率極低的悲劇，不要上升到『人活著沒什麼意義』、『天命難違』、『努力到頭也敵不過命薄』之類的高度。你可以祈禱，可以關注，也可以哭，但不要因此就為『活著』這

件事下一個悲觀的結論。日子還是要盡情盡興地過，人還是要積極向上，你正活在這珍貴的人間，你正免費搭乘一顆直徑一．二萬公里的藍色星球在廣袤無垠的宇宙中遨遊，你正在和星辰一起閃耀。」

願你收拾好心情，整理好情緒，照顧好自己，用一顆充滿能量的心去解生活的難題，去面對命中註定的使命、突如其來的變故和避免不了的麻煩，不染戾氣，不失毅力，不丟信心，儘管這很難。

2

我猜，沒有幾個人能比「春遊哥」更愛這個世界。

春遊哥是一位女生，她在地震中失去了一條腿。剛截肢的時候，她在床上躺了四個月，好不容易偷偷穿了一次裙子，結果旁邊病床上的小孩對她說：「你不能穿裙子，因為你的義肢和腿上的傷疤會嚇到別人。」

這句話曾像咒語一樣刻在她的腦海裡，讓她很多年都不敢再穿裙子了，就算是穿著長褲出門，她也時刻擔心有人會看見她的義肢。

直到有一天，她在家裡穿上了爸爸買給她的新裙子，照鏡子的那一刻，她突然意識到：「我是個女孩子，我值得這世上一切的美好。」

於是，她釋然了。她穿戴著義肢到處騎行，甚至爬山；她的舞技一般，但時不時就敢當眾秀一段；她去玩密室逃脫，因為義肢被人扯掉了，把演鬼的演員嚇得半死；她甚至還去時裝週走秀，自信的氣場絲毫不遜專業的模特兒；她穿著閃光的義肢在黑夜裡跳舞的影片，曾一度登上了熱門影片……

有人問她：「為什麼命運對你這麼差勁，你還活得這麼神氣？」

她的回答是：「當一個人可以完全接受自己的缺陷，那就沒什麼好怕的了。」

然後，她自問自答：「你知道中國有多少殘障人士嗎？八千五百萬。但是在大街上，我們很少看見他們，所以我要一直神氣下去，為我，也為那些飽受異樣眼光卻只能選擇沉默的人們！」

這是你的人生，裙子怎麼穿，眉毛怎麼畫，頭髮怎麼盤，鋼彈的鎧甲用什麼護板，公主的玻璃鞋該穿哪一款，全都由你自己說了算！

人這一生，自私很容易，自愛很難。但如果你能全然地接納自己，那麼你的心裡就會有一團火焰，能把你和其他人區分開來。

遇上豔陽高照，你可以說：「風和日麗，讓人想要長命百歲。」

遇上降溫天氣，你可以說：「終於可以穿那件漂亮的毛呢大衣了。」

天寒地凍，你會想著：「可以去吃煮得咕嚕咕嚕的火鍋。」

狂風大作，你可以幻想自己即將飛離地球，並假裝和人類煽情告別。

陰雨連綿，你會詩意地說：「這對花朵來說是件好事。」

麻煩不斷，你會用反派的口吻說：「事情變得有趣了。」

甚至就連腿變粗了，你都可以樂觀地認為，靠在沙發上看電視，放在粗腿上的零食可以多一點。

愛自己並不意味著心安理得地躺平或者無視客觀事實地誰都看不上，而是原諒自己並不完美，原諒自己不是天賦異稟，原諒自己不能每次都做出正確的選擇，原諒自己不能讓所有人都滿意。在此認知的基礎上，就算知道很多事情不能如願以償，就算出身平平、運氣一般、天賦一般、能力一般，但你還是會努力活得精彩，還是想要力爭上游。

所以，不用擔心自己不夠好。只要你的不夠好沒有影響到其他人，那麼在別人面前，你真正需要糾結的就不該是「我夠不夠好」，而是「錢夠不夠花」和「我夠不夠開心」。

也不用因為某個不相干的人的指指點點就心煩意亂，或者因為某個不重要的人的三言兩語就心灰意懶。如果你工作是為了賺錢，為了養活自己的皮囊或者夢想，那麼就不要在複雜的同事關係裡浪費情緒和精力；如果你健身是為了健康，為了在壓力山大的時候身心舒暢，那麼就不必在意旁人說的「練了這麼久也沒看你變瘦」。

過好每一個今天，是我們反抗這個世界的最好辦法，也是擁抱這個世界的最好方式。變成更好的自己，是回應傷害我們的人的最好手段，也是回報愛我們的人的最好策略。

3

還記得魯迅的《祝福》裡不得善終的祥林嫂嗎？

她被不公平的時代、不公平的觀念虐待，活得毫無尊嚴，同時膽小怕事，最終念叨著「我真傻，真的」，淒慘地死在了漫天風雪中。

如果在面對操控她的婆婆、欺負她的四嬸時，她敢說一句「你也差不多一點」，故事會不會有新的走向？

如果在她生活淒苦、逢人哭訴的時候，有個人對她說：「你也差不多一點，誰家沒點不好的事，別人都能把苦吞下去，繼續好好活著，你為什麼就不能？」祥林嫂的後半生會不會是一個勵志故事？

糟糕的從來都不是生活，而是你的生活態度；能夠好起來的也不可能是生活，還得靠你自己。

生活就像大數據，你想什麼、說什麼、關注什麼、搜尋什麼、在乎什麼，它就推送什麼給你。

所以盡量不要說「煩死了、累死了、氣死了、完蛋了」，要多說「問題不大、沒事、可以搞定」。要多給自己積極的心理暗示，而不是任由自己在灰心喪氣的情緒中慢慢枯萎。

你情緒不好，身體就會不舒服，工作就會不順利，生活就會一團糟；而你情緒積極，你的人際會很順暢，你的事業會很順利，你的幸福感和成就感也會很充足。

那麼你呢？

明明什麼事情都沒有發生，可當你走在大街上，就覺得「是個人都比自己有用」；明明沒有經歷什麼大苦大難，可總覺得自己的出生就是一個「需要花一輩子去矯正的錯誤」；碰到一點壓力就擺出一副「我受不了」的樣子，總是悶悶不樂，總想著討好別人。

可惜的是，不管你如何假裝完美，你還是不被看重；無論你如何賣力討好，你還是無人問津；無論你如何小心翼翼，你還是頻繁地掉進社交的坑裡。

我想提醒你的是，當你開始討厭自己，這不是成長的訊號，而是消沉的預警。

你覺得自己處處不如別人，是因為你總是用別人的優秀來懷疑自己，對自己「不值得被愛」這點深信不疑；你覺得不快樂，是因為你取悅自己時總是摳門小氣，取悅別人時卻慷慨大方；你覺得不自在，是因為你總是任人予取予求，任人隨意擺佈。

這些時候，希望你能對別人或者自己說一句：「你也差不多一點。」

認命不需要天賦，是個人就會；悲觀也不需要努力，一沒勁就油然而生。所以請你務必一而再、再而三地，毫不猶豫地救自己於這世間水火。

我所理解的「救自己」就是，自己對自己負責，不帶怒氣出門，不帶怨氣工作，不枕著煩惱睡覺；靜下心來學習、健身、閱讀；基於個人意願去參與社交或者選擇絕交；基於個人能力去消費或者儲蓄；認真吃飯，好好睡覺，和有意思的人打交道；把簡單的食物做得美味，把樸素的服飾穿得舒服，把不大的房子整理整潔，把難搞的日子過得「也還行」。

還包括，在無休無止的加班之後買一杯抹茶冰淇淋給自己，在被老闆批評之後的回家路上逗一下別人的雪納瑞，在和戀人大吵一架之後不忘為變黃的楓葉拍幾張美照，又或者在煮飯的時候把米和水的比例調整精準，在寫文章的時候把標點符號都用對，在塗口紅的時候努力塗抹均勻，在出門之前把衣服的領子整理一下……

不要把辛苦和怨氣都掛在臉上，你想要更好的生活，就讓生活看到更好的你。不要到處訴說以求安慰或憐憫，就算裝也要裝出「我很好」的樣子，就算全身上下只有嘴是硬的，也絕不認命、絕不躺平；也要拒絕被定義，放膽做自己。

畢竟，沒有人能查到你的帳戶餘額，但你臉上的沒自信、不淡定，你言談舉止裡流露的慌張和焦慮，卻是一目瞭然的。

與其哭喪著臉，讓人一眼就看穿你的囊中羞澀和草木皆兵，不如讓生活知道，你和它一樣，不好收拾。

4

有一陣子，一篇名為〈你的身體比你想像中更愛你〉的文章紅遍網路。它講述了身體的器官和組織是如何盡心盡力地保護我們的身體，比如，「每個人每天會有五次得癌症的機會，可每次都是你體內的其他細胞殺死了癌細胞」、「一秒之間，你的身體已經製造了一百萬個紅血球，它們在你全身飛馳，維持你的生命，向細胞輸送氧氣，完成任務後靜靜死去」……

你的身體那麼愛你，你還有什麼理由不愛自己呢？

愛自己包括兩個方面：

一是對外的堅定。比如遭遇不公平的對待、面對不合理的要求、出現了質疑時，能夠勇敢地說「不」，能夠建立清晰的邊界，能夠守自己的原則。

二是對內的溫柔。當自己心情不好、遇到挫折、受到批評的時候，要允許自己暫時不行，允許自己emo一會，而不是壓抑自己的真實情緒，拚了命地否定自己，又或者強迫自己必須怎樣。

我們都沒有上帝視角，都看不清人生的走向，所以難免會失望、難過、委屈、迷茫、焦慮。

怕就怕，你不願意正視人生的諸多辛苦和困難，一遇到問題就想躲，一遇到麻煩就喊冤，今天怪同事不行，明天怪原生家庭不好，後天又說老天的安排不好，就好像人生本來就應該既順利又舒服似的。

你可以平凡，但要拒絕平庸；你可以沮喪，但不能選擇擺爛；你可以不鮮豔，但要有自己的顏色；你可以隨心所欲，但不能隨波逐流。

做錯了，就認錯；比輸了，就低個頭；暫時落後，就埋頭苦練；覺得emo了，就自己靜一靜；需要幫忙，就大聲求助；需要面對，就昂首挺胸。

學習也好，工作也好，生活也罷，一定要練成全力以赴的做事習慣。反正你推脫不了，也逃避不掉，不如就把它做好。就算是芝麻綠豆大的小事情，也要開開心心、痛痛快快地做。

慢慢你就會發現，生活難是難了點，但也還不錯，就像你從超市里拎出兩大袋好吃的，結實的塑膠袋勒得你兩手作痛，不過你憑著一身的蠻力和歇一歇的智慧，每次都能一件不落地拎回家，然後一點不剩地吃到爽。

所以，不管生活還要多久才會變好，你都要把自己變好。你變優秀了，其他的事情才會跟著好起來。

希望你能積極一點，想要什麼就努力爭取，爭取不到就勸自己想開，實在想不開就找個沒人的地方發洩一下。可以哭，可以喊，但千萬不要對外聲張，千萬不要傷害自己，千萬不要抱怨個沒完。沒有人能夠隨心所欲地活著，抱怨只會顯得你的演技很差。

希望你能從容一些，當不好的事情出現時，你不是抱怨「真不公平」，不是逢人就說「我好辛苦」，而是坦然地說一句「我知道了」。

希望你能堅定一點，不管是多麼糟糕的時刻，都要相信自己是「可愛」的，不是「cute（可愛）」，而是「could be loved（值得被愛）」。

22 關於努力：用時間換天分，用努力換幸運

1

我一直不理解，為什麼心急如焚、時間緊迫的人，反而更想玩一下遊戲或者滑一下短影片呢？

直到看了一位心理醫生的講解才明白，人會因為壓力變得焦慮，而人的本能會覺得，處理這樣的焦慮情緒需要放鬆。

所以，大腦很容易被一些輕鬆、愉快的東西誘惑，「玩一下就好」、「看十分鐘就好」。結果是，時間變得越來越少了，焦慮變得越來越多了，需要放鬆的藉口也越來越充分了。因此人就陷入了「好煩啊」↓「放鬆一下吧」↓「唉呀，來不及了」↓「壓力好大」↓「再放鬆一下」的封閉循環。

如此說來，你並不迷茫，只是懶。

你覺得煩的不是正在做的事情，而是「唉，還有那麼多事要做」。所以說，人越懶，就越煩。

真正難的也不是事情本身，而是你對事情的恐懼或者嫌棄。所以說，開始很難，開始了就不難。

拖延會產生一種錯覺，讓你以為一切都在自己的掌控之中。

明天就要考試了，所以今天打幾場遊戲，沒事吧？

明天就要減肥了，所以今天狠狠吃一頓，不過分吧？

明天就要努力了，所以今天玩一下，沒問題吧？

於是，明日復明日，明日何其多，既然這麼多，那就再拖拖。

我的建議是，一定要趁著鬥志昂揚、時間充裕、身體健康的時候，馬上採取行動，不管是在生活的戰場上嚴防死守，還是去感情的戰場攻城掠地；不管是學習、工作，還是探望親人，千萬不要等或者拖，因為隨時都會出現爛攤子、餿主意，讓你狀態不好、情緒不穩，讓你想「先放鬆一下再說」。

人性就是這樣，一旦你的內心開始抗拒去做某件事，那麼這件事情就會很配合地展示出它難搞的一面，以幫助你減輕罪惡感。

2

有個高三的女生頻繁地傳訊息給我，把自己的學校、老師、同學吐槽了好幾遍，而且是早中晚不住嘴的那種。

說同桌不願意講解數學題目給她聽，是怕自己的成績超過了對方；說成績排名全校前五的某某總喜歡跟班導打交道，真是個勢利小人；說四十多歲的國文老師一點都不喜歡她，可能是因為教師節沒有送禮物給她；說無論自己怎麼暗示暗戀的某某，他都無動於衷，可能是個大木頭……

一開始，我會幫忙解釋幾句，但後來我發現，她其實並不需要，她需要的只是找個樹洞吐苦水。

直到某次月考，她考得一團糟，要我說幾句狠話罵醒她。我當然不會浪費這個機會：

「上學期的分數還不夠打擊你嗎？」

「期末考的時候，面對一堆不會寫的題目，你坐在考場上舒服嗎？」

「看著曾經和自己不相上下的同桌超過自己一大截，你不著急嗎？」

「每次下定決心要好好讀書，但每次都是三分鐘熱度，你不覺得自己很廢嗎？」

「心裡默默嘲諷全校前五的人不正常，這樣你心裡就真的舒服了嗎？」

「天天手機不離手，臉書、IG看不停，你有比較受歡迎嗎？」

「整天找那個暗戀對象閒聊，卻無視跟他的成績差距，你真的覺得這樣的自己配得上他嗎？」

末了我才「安慰」了一句：「當然，不管你混得多糟，都不要覺得自己沒用，其實你還能為家人帶來溫暖，因為你的爸媽一看到你就火大。」

她傳了一長串的「哈」，然後問：「老楊啊，你說我這樣還有救嗎？」

我回覆道：「如果你從現在開始努力，當然有救。」

她又問：「那萬一努力了，沒有用呢？」

我回覆道：「先努力了再說。」

一件事情，如果你捨得花時間去做，你不可能不擅長它；如果你既擅長，又捨得花時間，你不可能得不到回報。一個人要多麼鞠躬盡瘁地浪費時間，才能在如此漫長的人生中做到一事無成呢？

在一無所有的年紀，你能跟命運談判的、能拿得出手的、為數不多的籌碼就只剩下努力了。

所以，不要總想著「萬一努力了也沒有用呢」，而是要不斷提醒自己：先努力了再說。只有先努力了，你才會弄清楚，「我在竭盡全力的情況下，能做成什麼」。然後你才能知道，哪些東西是可以豁出去拚一拚的。

只有先努力了，你才能分清楚，「在豁出命努力、非常努力、比較努力、假裝努力、不努力等不同的情況下，分別會得到什麼、失去什麼」。然後你才能判斷，為了自己想要的東西，需要付出何種程度的努力？假如選擇了偷懶，自己需要承擔何種程度的損失？

只有先努力了，你才能找到適合自己的努力節奏和前進方向，才有選擇的餘地、調整的空間。你才能分辨得出誰給的是經驗、誰餵的是雞湯、誰在拿大餅呼攏自己。

怕就怕，你空有一顆上進心，卻在現實生活中活得既敷衍，又潦草；你一邊痛恨自己的懶惰和拖延，一邊又縱容自己沉溺在當下的安逸裡。

上班了，你在電腦桌上寫滿了日計畫、週計畫、月計畫，然後打開電腦就開始渾水摸魚，那年底的時候，你肯定會被自己糟糕的業績嚇到，然後抱怨公司的氛圍不好、效益不好。

夜深了，你終於拿起了最愛的那本書，蓋在了泡麵上，然後繼續滑著短影片、玩著遊戲。那考試之後，你肯定會對著刺眼的成績，吐槽老師教得真差，抱怨命運真苛刻。

我想提醒你的是，不要因為沒看見別人努力的過程，就盲目地迷信天賦，每一個看似開外掛的人生都對應著一段不為人知的努力。

不要抱怨「我運動了也沒有瘦」、「我努力了還是比不過別人」，你要換個角度來看問題，如果自己沒有做那些事的話，情況一定比現在要糟糕：如果自己沒有運動，可能更胖了；如果沒有努力，可能被甩得更遠。

同樣的道理，你多寫幾道題目，多看幾頁書，多背幾個單詞，也許無法保證自己考試滿分，但你會有迎接各種考試的底氣；你跑的每一步、舉的每一次啞鈴，也許不能馬上變苗條，但日積月累，你的氣質就會慢慢好起來；你努力提升的每一點本事，加的每一次班，也許不能立刻升職加薪，但你的能力會逐漸得到認可。

你變優秀了，才有可能吸引到同樣優秀的人，否則的話，你的周圍只有喜歡自吹自擂或者拖著你一起墮落的「臭魚爛蝦」。

努力的意義，是為了讓自己對生活更有掌控力，不會因為一點變故就翻車；是為了以後不向討厭的人低頭，不必去賺一些讓自己不開心的錢；是為了在喜歡的人出現時，能夠底氣十足地說出那句「我知道你很好，但我也不差」；是為了給自己、給家人更好的生活保障。

所以，每當你產生了想努力的念頭，請一定要牢牢把握，別讓它輕易溜走了，它是未來的你向現在的你發出的、近乎瘋狂的暗示。

你的努力裡，藏著父母晚年的歡喜、孩子未來的底氣，以及你行走江湖的如意。

3

胡愷約我喝茶，但好半天都一聲不吭，就像一棵沒有遇到風的樹。

他曾被老闆視為公司的未來之星，但僅僅因為晉升的名額被人搶了，他的幹勁就洩了一大半，取而代之的是無盡的憤怒和失望。

以至於現在的他，在公司裡稍微遇到點麻煩就開始咒罵碎念，宛如一隻抓不到蝨子的猩猩；回到家就把自己扔進沙發裡，好像一把摔壞的大提琴，再也不用繃緊它的弦。

他突然開口了，說自己不想努力了，不想運動，不想控制飲食，不想早睡，不想早起，不想聚會，不想外出，甚至連臉都不想洗。

廚房裡堆著上個星期煮麵的鍋子，乾脆就把廚房的門關上；冰箱裡放著好幾天前的剩菜，乾脆連冰箱門都懶得打開了。

工作日想換一套衣服出門，但昨天穿的衣服似乎又不髒，所以不用洗，但又不能當作乾淨的衣服收進衣櫃裡，於是就堆在床頭。慢慢地，床上出現了一座又一座「小山」。

餓了就癱在沙發上，邊吃薯條，邊看電視，因為懶得起來拿醬料碟，乾脆撩起衣服，把番茄醬擠在肚皮上。

他並非不知道該做什麼，而是知道，卻什麼都沒做；他不是沒有在做事，而是在做，卻把每一件都做得很敷衍。

他就像冰箱裡的燈，但凡沒有人盯著，他就不好好工作。漸漸地，他不再被委以重任，也沒有人再對他抱有期待了。畢竟比他優秀的新人多的是，比他努力、上進的更多。

職場中最殘酷的真相是，每一個「小甜甜」最終都會淪為「牛夫人」，早晚而已。

沒人會看在你曾經很強的份上就輕易原諒你現在的過失，也沒有人會因為你心情不好就一直照顧你。

你當然可以放肆地擺爛，盡情地長胖，隨便地emo，天天玩耍。你想墮落，沒有人會阻攔你，但你想混出名堂，就要做好面對困難的準備。

我的建議是，不要用過去的輝煌成績安慰現在的落魄，也不要用過去的失敗否定現在的努力，而是要專注地把正在做的事情視為頭等大事，不管是指揮一支軍隊，還是削一個蘋果。

就像日劇《王牌大律師》裡說的那樣：「我也不是什麼天才，我只是比任何人都拚命，一步一腳印堅持過來了。等我回過頭，背後空無一人，而那些懶惰的人卻在山腳下抱怨：『誰叫那傢伙是個天才呢。』」

一個出類拔萃的人是怎麼墮落的呢？

首先可能是因為受了委屈，就對學習或者工作失去了熱情，就算是最簡單的任務也會讓你覺得精疲力竭；你會盼著自己與一切都脫節，每天都像是走走過場；你開始對現狀不滿、對周圍的人和事都不滿；你越來越懶惰，越來越喜歡拖延，凡事都習慣性地逃避。

總之就是，多了「好煩」，少了「耐煩」。

一個人在往好的方向蛻變，有哪些跡象呢？

從認為自己可以很輕鬆就完成某個難度極高的任務，轉而開始注重每天都做了什麼；從認為自己可以憑藉意志力對抗誘惑，轉而開始尋找方法來減少或避免誘惑；從認為自己可以憑藉腦子記憶，轉而開始養成隨手記筆記的習慣；從認為自己從來都是客觀、公正的人，轉而開始理解人性的自私與複雜；從認為「我不喜歡的就是不好的，我不知道的就是不存在的」，轉而開始意識到自己的局限和淺薄，繼而學會了謙卑和敬畏。

總之就是，少了「以為」，多了「作為」。

這個世界不會因為你想要什麼而有所改變，只會因為你做了什麼而有所不同，又因為你做成了什麼而格外隆重。

4

看過一期TED演講，主題叫〈拖延大師的腦子在想什麼〉。其中有個觀點讓我印象很深，他說：「比截止日期更要命的，是很多事情不會有人催你。」

比如探望家人、和朋友保持聯繫，或者從一段不適合的感情中脫身；比如是否要向某某告白、是不是該辭職了、要不要自己創業；又比如擁有八塊腹肌、學會彈吉他、瘦十公斤……

這些目標是完全沒有截止日期的。它們雖然很重要，但似乎不著急，所以我們可以無限期地拖下去。等到某一天突然想起，才會意識到自己已經錯失了機會或者根本就沒有了時間。

我的建議是，如果你必須要吞下一隻癩蛤蟆，那麼最好不要盯著牠看太久。

如果想鍛煉，而暫時不能去健身房，那就去沒人的樓梯間做五個深蹲。

如果腦子裡有了新的想法，但電腦不在手邊，那就立刻打開手機備忘錄寫一百個字。

如果想提升一下英語成績，卻沒找到「最高效、最實用」的課程，那就找一篇英文文章並將它讀完。

如何打敗拖延症呢？分享一下我親測有效的三條原則：

一、兩分鐘原則。凡是兩分鐘內就可以完成的事，立刻去做，不要猶豫。比如為新加聊天帳號的人添加備註，比如吃完飯立刻洗碗，比如把用完的掏耳棒物歸原處……

二、五分鐘原則。凡是需要花較多時間和精力才能完成的任務，那就先讓自己用五分鐘快速進入狀態。比如要寫一篇文章，那就從標題開始，先寫五分鐘；比如要整理衣櫃，那就從某個抽屜開始，先收拾五分鐘……

三、隨時記錄的原則。腦子裡有了靈感、想法、思路，覺得有用的話，請你務必馬上記錄下來，因為「好記性不如爛筆頭」。只有記錄了，才有實現的可能。比如某個創意，比如為親人準備禮物，比如晚上九點要看三頁書……

不要因為想跟某個人一起做某件事，就一直等，很有可能你既沒有等到那個人，又弄丟了當初想做這件事的熱情。

也不要覺得「反正還來得及」，就滿不在乎地虛度時光。很有可能你只是等來了截止日期，然後任由焦慮把自己「嚼碎」。

生活很煩，如果你懶，就會更煩。所以請你儘早喊醒那個頹廢的自己：落後就追，沒錢就賺，太胖了就減肥，想變好就努力，而不是在該努力的時候發懶，在該寫題目的時候滑短影片，在該休息的時候熬夜玩手機。

想必你也知道，窮人的心裡有幾百個消費計畫，而胖子的我的最愛裡有幾千種減肥方法，對現狀不滿的人的心裡有幾萬個努力的念頭。

你知道這件事該做，也一直想做，但什麼都沒做，那你遺憾什麼？又抱怨什麼？

世界上最傻的事情就是，你可以忍受幾十年不快樂的人生，卻不願意花幾年的時間讓自己變優秀。

5

有人發過一則動態：「我要回到一九九七年了，真是捨不得你們。」很快就引發了大批網友積極留言，紛紛請求發文者「替自己向過去的自己說幾句話」：

「麻煩你跟一九九七年的我說，一定要好好讀書！不要談戀愛！」

「請告訴我外公一定不要再喝酒了，定期去醫院檢查身體，多補補身子。」

「記得告訴二〇〇三年的我，放假一定要回家，見奶奶最後一面。告訴奶奶我對不起她，我還沒有賺錢買我小時候答應幫她買的衣服給她，還有糖果。」

「請告訴一九九七年的我，請在二〇〇〇年，幫外婆做一碗雞蛋甜湯，不要讓表弟去做，一定要自己親手做，不然沒機會了。」

「請你告訴那年的我，儘管按照自己的興趣念中文系，不要聽別人的去念什麼熱門的財經系。」

每個人的成長都是遺憾滿滿，都被現實剝掉了「如果」，只剩下「結果」；都被時間偷走了「初衷」，只留下「苦衷」。

而你呢，還在拖。

你想等自己賺夠了錢再孝順父母，可是父母的衰老不會等你；你想等自己有時間了再去提升技能，可是別人的進步不會等你；你想等自己有困難了再去見朋友，可是朋友的疏遠和陌生感不會等你；你想等自己變優秀了再去告白，可是緣分不會等你。

結果是，在時過境遷之後，你在無數個夜裡喃喃自語：「如果再努力一點就好了，如果跟他結婚的人是我就好了，如果他還活著就好了，如果當初好好學習就好了，如果早一點告白就好了，如果還在一起就好了。」

我想提醒你的是，人生當中能夠確定的事情其實非常少。所以，相聚、告別、相愛、道歉、努力變優秀、一起吃個飯、拍一朵精神抖擻的花、說出那句「我愛你」，都要趁早。

別等下午了，就現在吧；別等明天了，就今天吧；別等下輩子了，就這輩子吧。因為下午就是上午的未來，今天就是昨天的明天，這輩子就是你上輩子說的下輩子。

花花草草，有人看會死，沒有人看也會死。所以「花開堪折直須折，莫待無花空折枝」。

人生海海，努力會花掉青春，懶散也會花掉青春。所以「及時當勉勵，歲月不待人」。

23 關於情緒：你要學會表達憤怒，但不要憤怒地表達

1

一個七歲的小女孩被一個調皮的男生取名叫「醜八怪」，而且這個男生還當著全班同學的面大聲喊。

小女孩的爸爸知道了，就問她：「你是怎麼處理這件事的？」

小女孩說：「我一開始以為他說的不是我，畢竟我這麼好看，怎麼會是醜八怪呢？然後我就去問他『是不是說我』，他說『是』，我就沒理他了。但第二天，他又叫我醜八怪，我就很生氣，走過去對他說，我媽媽曾告訴過我，你這樣做是想引起我的注意，如果你喜歡我，就應

該對我友善一點。我非常不喜歡那個名字，如果你再這樣叫我，我會讓我媽媽去和你媽媽談一談，我相信你媽媽會教你怎麼正確地對待自己喜歡的女孩子。」

後來，那個男生一看到這個女生就會躲著走。

一個女生有著很強的時間觀念，但她的閨密卻總喜歡遲到，前幾次她都忍了，後來她直接表明了自己的不滿：「這是你這個月第三次遲到了，我感覺自己不被重視，我對此很介意。所以，我希望我們下次約會的時候，你可以準時到，不要讓我一直等你。」

女生的表達非但沒有影響這份友誼，還讓閨密有了守時的意識，更重要的是，她們兩個人的關係更親密了。

一個初入職場的男生在工作中非常努力，但他做出的企劃案卻被他的主管單獨拿去邀功了，並且從頭到尾都沒有提及他。

這種事情一再發生，男生就傳了一則訊息給主管：「您最近幾次的企劃案我都看到了，用的都是我熬夜做的方案，可我沒有得到任何認可，這讓我很沮喪。我希望您下次跟主管或者客戶商討方案時，能帶我一起參加，這樣我能對客戶的提問回答得更好，也能聯繫和跟進得更好。」

主管並沒有因為他的直言而惱火，反倒意識到了自己的不妥，重要的是，這個男生此後被他的主管委以重任！

你看，溫和並不妨礙你有個性，平靜也不會削弱你的表達。

2

「雙十一」沒過幾天，有個網友跟我講了一件糟心事。

她說她在網路上買了一個大書架，查物流進度的時候顯示「已經簽收」了，但她既沒有接到電話，也沒有看到簡訊通知，於是她打電話給送貨員，第一次對方沒接，第二次對方很暴躁。

送貨員：「你打什麼打啊，今天我沒送快遞！你真煩人，沒完沒了的！」

她心想：「我不就打了兩次，怎麼就沒完沒了了？」但她還是很客氣地跟對方說：「先生，是這樣的，我有個貨物顯示簽收了，但我沒收到東西，不知道你送到哪裡去了。」

送貨員不耐煩地說：「你自己查一下不就知道了，長個腦子也不知道用一下？」

她強忍著火氣說：「我查過了，沒查到，所以才打電話給你。」

送貨員不耐煩地說：「好啦好啦，等我查一下。」

兩個小時之後，送貨員終於打電話來了，但音調降了一點點：「那個，我查到了，貨物放在你們社區南門的代收處了，你自己去拿一下吧。」

她說：「這是一個大型貨物，我跟賣家提前約定的是『送貨上門』，而且我已經付了這筆費用。」

送貨員瞬間又爆炸了：「我都送到你家樓下了，你去拿一下又怎麼了，沒完沒了的，真不知道你是怎麼想的。」說完又罵了一句髒話。

她反問道：「不管你送到哪裡，都應該打個電話給我。再說，我是付費送到家裡的，有哪裡不對嗎？」

送貨員更暴躁了，說了一連串髒話之後，丟下一句「你愛拿不拿隨便你」，就掛斷了。

她被氣得連做了三個深呼吸。她感覺自己的心就像報紙一樣被人狠狠地擰成了一團。

她重新撥過去，並把音量調到了她承受範圍之內的最大聲，然後對著電話吼：「你這樣跟你的客戶講話，你簡直是糟糕。」

你看，都被氣成這副鬼樣了，卻只能吼出一句「糟糕」，有教養的人真的是太可憐了。

我既替她生氣，又覺得好笑，就問她：「後來是怎麼解決的？」

她說：「我像廢柴一樣怒吼出『糟糕』二字，引來的只是對方更高音量的咆哮，而我的閨密只花了五分鐘去溝通，對方就同意送貨上門了。閨密跟人解釋了我為什麼會這麼生氣，然後表達了對對方工作的理解，還說什麼『你們最近工作量太大，真不容易，應該互相理解』，再指出對方在這件事情上的不恰當之處，最後才提出希望對方能夠『抽空送一下』，並強調『晚一點也可以』，對方就同意了。」

只有先穩定了情緒，智商才有上場的機會，腦子才有用武之地。

一旦腦子被憤怒的情緒占領，你再有理、說得再多、氣勢再大，也只是像吵架而已，就像是與對方齊心協力地往情緒的火堆裡添柴，把滿腔怒火燒得更旺。

你覺得是對方不講理，你想表達自己的委屈、無助和生氣，你的本意是讓對方意識到他做錯了、意識到他的無禮，你的目的是讓他承認錯誤，做出改正，給予賠償，以及不要再犯。

但問題是，憤怒的表達很難讓對方聽懂你的意思，因為「理解」需要充分地溝通，而不是單方面地咆哮。所以，即便對方知道自己錯了，也會跟你對著幹。因為在他看來，「你是有理，但你的表達方式讓我很不舒服，所以我必須跟你作對到底」。

還是那句話：如果爭吵可以解決問題，那麼潑婦一定是個高薪職業；如果靠吼可以搞定一切，那麼驢將統治世界。

3

還記得「航班延誤導致大批旅客滯留」那則新聞中的那位女乘客嗎？她教科書式的維護權利折服了很多人。

她沒有因為面對的是強勢的航空公司就選擇默不作聲，沒有因為航班延誤就在機場大吼大叫，也沒有因為窗口是個沒有話語權的職員就怒不可遏，而是非常有條理地據理力爭。

她援引了法律條文，對航空公司的做法進行了反駁；她說出了乘客們生氣的原因，也順帶強調了現場環境對高齡乘客的不友善；她表達了對航班延誤的理解，在此基礎上，她指出航空公司對策上的不合理；最後明確地說出了乘客的訴求。

比起在氣勢上占據上風，更有價值的是守住教養；比起在音量上壓倒對方，更有意義的是解決問題。

生活中難免會有計劃趕不上變化的時候，難免會有突然和意外，這時候更要沉得住氣，以「解決問題」為優先選項。不要讓願意傾聽你的人被你的壞情緒汙染，不要讓本可以解決的問題因為你的臭臉而被打上了死結。

真正厲害的人從來不說難聽的話，所以表達的時候一定要平靜，否則即便你一個髒字都不帶，即便你扯盡了天下的正義大旗，對方也很難接受。

比如你的輪胎壞了，去維修廠換輪胎，但技師狀況不好，連千斤頂都沒放好。

平靜的表達就是：「師傅你好呀，換輪胎之前，你應該先把千斤頂放好，否則會很危險的。你看看，放好千斤頂得有這樣幾個標準，你現在這麼放是不合標準的，挺危險的。」

憤怒的表達就是：「你修車都不放好千斤頂，你真是蠢到家了，你是哪個師傅教的，你是不是連說明書都看不懂？」

比如鄰居停車太靠近你的車位了，你上下車太困難。

平靜的表達是：「我們停車的時候能不能稍微靠右一點點，您壓著左側的線，我上下車實在是不方便呀。麻煩鄰居啦。」

憤怒的表達是：「你會不會停車呀？車位都是你家的嗎？只顧著自己方便就不管別人死活了，你這是什麼水準啊？」

我多年的經驗是，水準高的人，就算錯在別人，也不會輕易動怒，而是會非常客氣，甚至到了尊敬的程度，讓別人挑不出一點毛病來，讓別人開開心心地改正。

高水準的人遵從的邏輯是：迅速地解決問題，而不是浪費時間和情緒去辯對錯、爭輸贏。

怕就怕，情緒沖頭的那一刻，你忘了對方是誰，忘了自己的身分和處境，你豎起渾身的尖刺猛戳向對方。你只顧著飆出狠話，只顧著提高音量，卻忘了自己到底想要什麼——到底是想吵贏這場架，還是想把問題解決。

就好比說，你走在馬路上，大衣突然被濺上了泥水。如果你當時暴跳如雷，那麼就會耽誤當天的行程；如果你立即去抹那團泥巴，那麼衣服一定會被搞得一團糟。不妨就直接去你要去的地方，把大衣晾起來，然後專心去做你該做的事情，等泥巴晾乾了，你再去處理，就只需輕輕彈幾下就好了。

同樣的道理，如果你想發表一下個人看法，那就盡量把「帶髒話的、感嘆的、片面的、不客觀的、需要看具體情況的、自己想當然的」部分都刪了，然後你就會發現，你表達的觀點並沒有改變，但你的態度變得溫和、理性、堅定，觀點也更容易被人接受。

你要強大，而不是強勢；你要平靜地表達憤怒，而不是憤怒地表達。

4

網路上有個值得深思的段子：「買菜的時候不要跟賣肉的爭執，因為刀在他手裡；看病的時候不要跟醫生起爭執，因為開處方箋的筆在他手裡；求學的時候不要跟孩子的老師起爭執，因為孩子的前途在他手裡；坐車的時候不要跟司機起爭執，因為方向盤在他手裡。」

但是在現實生活中，一味地息事寧人也有問題：你會覺得自己活得特別委屈，你的隱忍會被人視為軟弱，你的不及時反抗會漸漸演變成別人的變本加厲，別人會覺得捏你一把、踩你一下也沒什麼。

憤怒是上天賜予我們的刀，可惜很多人都拿來自刎了。

做人很難。沒有憤怒的人，他的自尊不值錢；太多憤怒的人，他的憤怒不值錢。

那麼，我們該怎麼去表達憤怒的情緒，才能在維護利益的同時，又不至於賠上人品和教養呢？

首先，你要清晰地表達「我在憤怒什麼」，而不是單純地指責「你怎麼那樣」。

比如約好了是你煮飯，另一半洗碗，可他一直在打遊戲。

清晰的表達是：「我生氣了，因為今天輪到你洗碗，可你一直在那裡玩，最後碗是我洗的，我不希望明天還是這樣。我本來就很累，煮完飯更累了。所以我希望下次吃飯之後，你能先洗碗，再去玩。」

純粹的抱怨則是：「你每天就只知道玩遊戲，你知道你做錯什麼事了嗎？你肯定不知道，你只知道玩遊戲，你跟你的遊戲過日子去吧！」

清晰地表達更容易引起共鳴，更容易得到解釋和道歉；而一味地抱怨則很容易引發戰爭：

「你不說我怎麼知道我哪裡錯了？你就只知道發脾氣，才多大的事情就要生氣！」

第二，你要及時地表達，而不是積在一起發洩。

比如你聽說他跟女同事出去吃了個午餐。及時地表達就是在得知這個消息的第一時間，你就告訴他：「我很介意，因為你跟你的女同事出去吃飯，我感覺你並不在乎我的感受。如果你有非去不可的原因，你可以現在跟我說一下。」

「數怨並訴」則是：「你好意思？我忍你很久了，上個月你跟你的女客戶單獨吃飯，去年你跟你的大學女同學單獨吃飯，你到底想幹嘛？我生病的時候，你忙得沒時間關心我，怎麼總是時間跟亂七八糟的女生吃飯？」

及時地表達憤怒更容易讓對方意識到自己的不妥，而數怨並訴只會讓對方覺得你是沒事找事，因為在對方看來，那些事情早就過了，他不知道你曾經為此生氣過，所以很難產生愧疚感，反倒覺得都過去那麼久了。最終結論是：「你無理取鬧！」

第三，要多去描述「我」，少去指責「你」。

比如對方的某句話刺痛了你。表達「我」的感受是：「我很憤怒，我感覺自己被你的言語冒犯到了，我因為你的做法很受傷，我對你不顧及我顏面的做法很生氣，我難以接受你這樣的評價，我感覺很不好，我覺得我沒有你說的那麼糟糕……」

而指責「你」卻是：「你怎麼那麼討厭啊，你就是個控制狂，你跟別人比起來差太多了，你腦子壞了嗎，你沒長眼睛嗎，你吃炸彈了嗎……」

學會表達情緒是成熟的第一步，不要把自己困在脾氣好的人設裡。你要記住，你內心的介意、生氣、憤怒，都是你的身體發出的安全警報，你要及時做出反應。

適當地表露你的脾氣，才能遠離某些人肆意的貶低。當髒水潑過來的時候，清者自清是最沒用的話。

所以，我不祝你天天開心，我祝你方寸不亂；我不祝你心想事成，我祝你心平氣和；我不祝你特別能忍，我祝你生氣順利。

24

關於夢想：不盡力的願望都是瞎想，三分鐘熱度只是夢想的試用品

1

剛畢業的時候，我去一家雜誌社實習過。那是個茫然無措的年紀，我常常站在二十三樓往窗外看，十字路口人來人往，他們像極了螞蟻——巨大的腦袋裡裝著龐大的夢想，然後用與夢想不匹配的瘦小身軀扛著，從一個路口匆匆地趕到下一個路口。我也是其中之一。

當時的主編安排給我的是人物傳記專欄，而我更喜歡詩歌。我跟她爭取了一下，並強調了我對詩歌的喜好。

結果她的回覆既明確又犀利：「你當然可以決定你喜歡什麼，但你不能決定你擅長什麼。」

這話乍聽有點刺耳，但我當時的反應是：「哇，怎麼可以說得這麼對。」後來，我在人物傳記專欄做得不錯，沒少被她表揚。再後來，我離職了，告別之際，她送了我一套詩集，是她多年的珍藏。她說她跟我一樣，也特別喜歡詩歌，但她知道自己暫時不能以此來謀生。她說：「先做自己該做的，再去做自己想做的。」

詩集的第一頁有她的贈言：「夢想之於生活，就像是一次又一次地望梅止渴。祝你最終能成為你此刻正在仰望的那顆星。」

每個人小時候都曾寫過一篇名為〈我的夢想〉的作文，但隨著年紀的增長，曾經那個色彩斑斕的願望逐漸被現實塗改得亂七八糟。

初入職場的小菜鳥被無薪加班磨光了熱情，建立家庭的新手夫婦也被雞毛蒜皮耗光了浪漫，當滿腔熱血的你和麻煩不斷的生活迎面相撞之後，兒時的夢想似乎在不經意間被生活「清空」了。

成長就是這樣，我們不確定有一個怎樣的明天，不確定夢想最終能不能實現。我們每天要面對的是麻煩不斷的生活、讓人反感的某某、讓人應接不暇的現狀，以及讓人疲於奔命的生計，可能暫時還看不到兌現夢想的可能性。但在這些時刻，記住夢想尤其重要。

生活就像射箭，而夢想就像箭靶。如果連箭靶都沒有，那你每天辛苦拉弓又有什麼意義呢？

就好比說，你上了一輛計程車，但不知道要去哪裡，你要司機怎麼辦？

我們確實需要賺錢去維持日常生活，需要應付雞毛蒜皮去展現自己的價值，但同時也需要那些看似虛無縹緲的夢想來撐起這副麻木的皮囊。

夢想就像是從未來投射過來的亮光，讓我們更清醒地明白：在人山人海之外，還有星辰大海；「飛天」的不只是酒桌上的茅台，還有兒時的嚮往。

如果你夠幸運，該做的事情就是你喜歡做的事情，那你一定要竭盡所能把它做出色來。如果你不夠走運，該做的和喜歡做的是兩件事情，那你就要先做你該做的，再去做你喜歡做的。

如果夢想暫時養活不了你，那你就想方設法去養活夢想。它為你照亮了生活，你總得為它付點電費吧。

2

在大學當輔導員的朋友拉我去聽演講，演講者是一位畢業生代表。他上臺的第一句話是：「我演講的主題是『夢想』，但我不是來幫你們打雞血的，而是想讓你看一看夢想的反面教材是什麼樣子。」

他說他一心想要考哈佛，高中時非常拚命，但考上目前的大學之後，他突然就沒勁了，跟室友沒日沒夜地玩遊戲。

首先垮掉的是他的身體。不論什麼坐姿，他的腰都會像被針扎一樣痛，並且伴隨著身體嚴重的貧血。最糟糕的一次，玩了一整夜遊戲的他突然眼前一黑，腦袋直接砸在鍵盤上，把旁邊那個一百九十幾公分的室友都嚇哭了。最後他是被救護車載走的。

然後垮掉的是成績。大學的前兩年，他幾乎沒什麼上課，但憑藉著那點應試的小聰明和考前的臨時抱佛腳，幾門課也都矇混過關了。

但是到了大三，專業課程的難度越來越高，他這才意識到：應付考試和真正弄懂完全是兩碼事。

大三的期末考也驗證了這一點，這一年，他的排名從入學時的全系前十下滑到了全系後十。

最後垮掉的才是夢想。他以為再拚命學一下，自己的成績是可以追上來的，但真正開始學的時候才發現，兩年落下的東西根本不可能靠半個學期就補回來。學習的慣性丟了，往上奔跑的志氣也沒了。結果是，原本使勁跳一跳就有機會搆著的夢想，如今就算是搬梯子來也摸不著了。

更讓他懊惱的是，回過頭去看那被揮霍掉的兩年，他竟然什麼都沒有得到。

他說：「我總以為人生挺簡單的，靠小聰明就足以應付，如今才明白生活打起臉來不一定響，但絕對痛。」

夢想不是喊一喊就能實現的。如果「有一顆癩蛤蟆吃天鵝肉的雄心壯志」就真的能把天鵝從天上引誘下來，那廣大的母蛤蟆們豈不是要哭死？

那麼你呢？

今天的夢想是玩音樂，明天是玩摩托車；白天的夢想是玩滑板，晚上的夢想是打遊戲。說到底，你只是貪玩而已，只是懶惰而已，只是在不想學習、不想工作、不想努力的時候才拿出所謂的夢想秀一秀，只是把夢想當作你毫無作為的擋箭牌而已。

你當前所有的問題都可以總結為：思想的巨人，行動的侏儒，享樂的專家。這三個問題混在一起就會讓你：多思多慮，欲求過多，以及一動不動。

有夢想就去努力爭取，而不是找一堆糾結的理由，然後不甘心卻又不盡興地活著，嘴裡喊著「我不將就」，實際行動卻是將每一個寶貴的今天變成對每一個無聊的昨日的冷淡抄襲。

真正的理想主義者都是腳踏實地的，他們會把心放在自己的目標上，而不是困難上。

如果你的夢想是星辰大海，那就別被它的遙不可及嚇退了。或許就在你按時吃早餐、堅持看書、及時完成工作、認真學會一個技能之後，你只是如常地走著走著，抬頭就看見了滿天星辰。

一步登不了山，一步一步登就可以。

「有一個偉大的夢想」不等於你能變得偉大，你還得付出無數艱辛的行動，以及留下足夠的青春做籌碼。

你要因為懷揣宏大的夢想而動力十足，而不是因為夢想遠大而覺得自己高人一等。

我當然知道人生很難圓滿，當然知道逐夢異常艱難，當然知道「理想在雲端，現實在泥潭」，但還是希望你再努力試試看，爭取晚一點被現實招降。

3

自從創業做直播帶貨以後，柳小姐的簽名檔一直都是同一句話：「對自己狠一點。」

她對自己確實滿狠的，一個瘦弱的女生離家千萬里，扛著一個行李箱一頭栽進北京的車水馬龍中。

最忙的時候，她一整個月吃睡都在工作室裡解決，每天不停運轉，直播、叫外送、加班、談業務，一播就是十幾個小時。

即便如此拚命，她一開始也賠了很多錢。有親戚時不時來一句：「我就知道你這樣不行，一點都不現實。」

父母也心疼地勸她：「不行就回家吧，別把自己熬壞了。」

而她卻暗暗地在筆記本裡寫道：「我想做一個像樣的人，我想過一個像樣的人生。」

我曾問過她：「為什麼要對自己這麼狠？」

她笑呵呵地說：「因為我不想讓生活一直對我這麼狠，所以我就提前對自己動手了。」

我又問：「那你有懷疑過自己的想法不實際嗎？」

她的回答非常有氣勢：「沒有什麼夢想是這三十七度的體溫烤不熟的。」

對自己狠了一年半之後，她的直播間人數從一開始的個位數到如今穩定保持在四位數。

在這段時間內，六十幾公斤的她說要瘦到四十七公斤，現在已經瘦到四十五公斤了；以前俯身摸不到腳尖的她說要練柔軟度，如今可以跳起來劈腿落地。

一個人想要什麼，最終能得償所願，絕不是因為偶然或者運氣，而是他強烈的意願將他領到了那裡。所謂運氣，只是在你夠堅定、夠努力之後，才會偶然鼓勵你一下的東西，絕不是你仰著脖子等來的東西。

所以，不要貶低你的夢想去迎合現實，要提升你的信念來匹配你的命運。人必須有前面的苦心經營，才會有將來的輕而易舉。

蘇秦以錐刺股只為了讀書，旁人很難理解，因為旁人沒有體會過他那種被親近的人嘲笑的屈辱。

喬丹練球近乎偏執，旁人不理解，因為旁人沒有體會過因為身高太矮而被掃地出門的無奈。

越王勾踐臥薪嘗膽，旁人不理解，因為旁人沒體會過從一國之君淪落為仇敵僕人的那種自尊掃地的悲涼。

很多時候，我們之所以會覺得夢想特別遠，是因為我們走的路太短了，而心又太急了。

我的建議是，不要自我設限，不要拖延成疾，要把手邊的事情做好，把簡單的事做出色，享受每一次小型的勝利，不斷地累積「我可以」的喜悅感，然後，你就會越來越有底氣去向這個世界索求更多。

只要你夠膽、夠拚、夠堅持，不管多難，不管多晚，這個世界都不會打烊！

需要坦白的是，我一直推崇「悄悄地努力」，並不是單純地為了結果能夠「驚豔所有人」，而是怕失敗了被人知道。

4

什麼叫夢想？

就是你堅信遠方的山頂上有一座美麗的宮殿，你想像自己將來要住進那座宮殿裡。也許你一輩子都登不上那座山，但你的心裡一定要有那座宮殿，它能引導你往高處去，使你懷有奮鬥的方向和動力，讓你在疲倦、沮喪、失望、想要選擇平庸的時候，還能撐得住，還能看得開，還能吃得下去，還能笑得出來。

夢想是需要修正的。因為年少無知時的夢想摻雜了很多的假象和想像，它就像櫥窗裡假人身上被打著光的那套衣服，合不合你的身，要穿到你身上才知道。

夢想是需要時間的。如果你非要將十年才能完成的事情計劃成一年完成，或者非要在秋天播種，再祈求冬天收穫，那麼你一定會非常疲憊，並且經常失望。

夢想是需要拆分的。逐夢的過程中，你要把遙不可及的夢想拆分成一個個確切可行的小目標、階段性的任務。比如你想當頂級名廚，那麼做出一份好吃的炒蛋這個小目標顯然要務實得多。然後，你該研究攪拌雞蛋的時候要加多少水、炒的時候要開多大的火，以及要炒多久的時間。如果你一直想著當名廚，卻頓頓吃泡麵，講煽情的鬼話，那麼一切好事都不會發生。

夢想除了能為你提供強大的動力，它還有強大的批判作用。

它批判有雄心壯志卻懶得抽筋的行為方式，批判待著舒服卻不正確的生活方式，批判根深蒂固卻不顧變化的思維方式。它督促你朝著夢想的方向馬不停蹄地努力，而不是縱容你打著夢想家的旗號招搖過市。

懷揣一個美麗的夢想就像是在內心藏一條巨龍，這既是一種酷刑，也是一種樂趣。

說它是酷刑，因為人如果總是被夢想刺激，難免會對進步的速度不滿意，對當下的自己很失望，對未來的自己過分擔心。

說它是樂趣，是因為它讓你有穿過青春的迷霧和生活的沼澤的方向，讓你有去承受生活不懷好意和人心變幻莫測的力量。

我的建議是，不要用別人的反應來掂量自己的夢想，你該操心的是自己的能力為何一直停滯不前；也不要用出身來評判夢想，你不該用重量來衡量種子的能量。破繭成蝶的前提條件是，永遠不要認為自己只是一隻毛毛蟲。

所以，就算知道前路漫漫，也要爭取活得絢爛；就算知道命運非常頑固，也要用夢想的鐵達尼號去撞現實的冰川。

一個善意的提醒：一定要趁著年輕勇敢地做夢，畢竟年紀大了，就容易睡不著。

5

如果，我是說如果，如果八歲的你坐著時光機來到你面前，問你：「嘿，那個長大的我，你把我的夢想丟到哪裡去了？」你該怎麼回答？

是「現實太餓，把它吃了」，還是「埋在花盆裡做堆肥了」，又或者是，當你對著鏡子發呆時，突然意識到，「臉比夢先圓了」？

25

關於選擇：人生的每一次選擇，都是命運在跟你談判

1

有人趁著退潮，就去海灘上把那些被海水沖上岸的海星一個個扔回海裡。

一個陌生人對他說：「被沖上岸的海星不計其數，你根本就撿不完。」

撿海星的人彎下腰，又將一隻海星扔回大海，說：「看到這隻海星了嗎？對牠來說，我改變了牠的命運。」

有人見對手陷入了絕境，就幸災樂禍地對他喊：「終於把你逼到絕路了。」

對手卻說：「你開什麼玩笑？我是故意走到絕路的。」

有人在路邊遇到了乞討者，就施捨了一些錢。旁人嘲笑他：「這個人明顯是個騙子，你也太容易上當了。」

他卻笑呵呵地說：「這有什麼關係呢？我積我的德，他造他的孽。」

選擇就是自己跟自己達成共識。不管是做了什麼別人眼裡的蠢事，還是跟誰戀愛結婚、買什麼款式的鞋子衣服、去哪座城市看山看水，只要沒有人用刀架在你的脖子上，那麼所有的事情都可以歸類為「這是我的選擇」，而不該怪罪於「誰的蠱惑」。

一旦你明白了「所有的生活都是自己選的」，一旦你想清楚了「任何事的結局不是得到，就是學到」，那麼你就會擁有與困難相抗衡的清醒、與失望相匹敵的樂觀，和與焦慮持平的心安。

那麼你呢？

因為不知道自己擅長什麼，所以你找工作的時候就隨便地進了一家公司。

因為不知道自己喜歡什麼樣的人，所以戀愛或結婚的時候都是隨便找了一個人湊合。

因為不知道人生的路該怎麼走，所以在幾句熱血雞湯的慫恿下就一頭栽進了一座陌生的城市，甚至不惜用青春當賭注。

被問到「願不願意」，你匆忙地喊「我願意」；被問到「想好了嗎」，你無畏地說「年輕嘛，輸得起」。

結果是，等你在職場上撞得頭破血流的時候，當你想跳槽卻發現每一家新公司都很注重你上一段工作經歷的時候，你傻眼了。

等你在情場上混得傷痕累累的時候，當你遇到了喜歡的人卻發現自己不敢再付出真心的時候，你傻眼了。

等你在陌生的城市舉目無親的時候，當你發現選擇一座城市竟然意味著工作、交際、婚戀都和這座城市綁定的時候，你又傻眼了。

人生最大的悲哀莫過於，你辛辛苦苦地爬到了梯子的頂端，卻發現自己靠錯了牆。

2

每個人的一生要面臨無數的選擇：大學考成績一般般，要不要再奮戰一年？考到大學了，該選什麼科系？馬上大四了，是考研究所，還是找工作？畢業了，是回故鄉，還是留在大城市？想跳槽，是衝著高薪去，還是衝著興趣去？談戀愛，是選愛自己的，還是選自己愛的？跟現任戀愛幾年之後喜歡上別人了，要不要換一個？

很多人強調「選擇大於努力」，可沒有人告訴你「怎麼選才是對的」。

很多人強調「成大事者不糾結」，卻沒有人跟你說「怎麼選才能不糾結」。

小時候，選擇題就像是比較「二」和「一」誰比較大，比較烏龜和兔子誰跑得快，老師教你一些技巧，或者你學會了掰手指頭，又或者親眼見了幾次，你就知道怎麼選對了。

但長大之後，選擇題更像是「剪刀石頭布」的遊戲，每一個選項都是「不一定對」，因為石頭比剪刀厲害，剪刀比布厲害，而布又比石頭厲害。

人生的選擇題難就難在，選項就擺在你面前，你做出選擇之前沒有提示，選擇之後無法修改，你只有在點了「提交答案」後，才能判斷自己有沒有選對。還有一些題目簡直是「性質惡劣」，你點了「提交答案」，竟然發現這幾個選項當中根本就沒有正確答案。

是的，不是選擇當科學家就對了，選擇當演員就不對；不是選擇當作家就對了，選擇去工廠上班就不對；不是成為職場菁英就對了，當家庭主婦就不對。

很多選擇題的答案沒有對錯之分，只是各自的出發點和立場不同而已。

就好比說，一個很優秀的女孩子跟一個窮小子談戀愛，你會覺得女孩的媽媽阻止得沒錯，畢竟門不當、戶不對。但王母娘娘不讓織女和牛郎在一起時，你卻堅定地認為王母娘娘非常討厭。

又好比說，山羊在山巔走鋼索成功了，大家都說牠是個英雄，因為牠做了別人不敢做的事。但如果這隻山羊墜入山澗摔死了，大家就會說牠是個傻瓜，因為牠做了不該做的事。

這世上沒有毫不後悔的選擇，也沒有絕對正確的答案，既然你已經做了選擇，就假定自己的選擇是對的。

不必站在五十歲的年齡，去悔恨三十歲的生活；也不必站在三十歲的年齡，去悔恨十八歲的愛情。你不能用三十歲的自己去否定十八歲的自己，不能站在後來諸多經歷的高度去批判當年自己的幼稚，這不公平。即便回到你假設的「如果」的那天，以你當時的見識和能力，你還是會做同樣的選擇。

所以，當你選擇了一條路，就不要去打聽另一條路的風景。

怕就怕，你選A，後悔沒選B；選了B，又遺憾沒選C。最終困在了「不管怎麼選都會焦慮」的詭異循環中，你擔心自己選的不能為自己帶來預期的結果，同時又焦慮沒有選的會不會比自己選的更好。

於是，你在每個孤立無援的時刻自我拉扯著：「如果當初，我選擇了另一個人，我的人生會不會好過一點？」、「如果當初，我努力考上了一所更好的大學，生活和工作會不會更好一點？」、「如果當初，我選擇了另一份工作，現在的發展會不會更順利一些？」

殘酷的現實是，人生這條路，不會有人遞高清地圖給你，讓你事先看清自己要去的地方有多遠、哪條路最近，而是你一開始就在路上，你不知道離目標還有多遠，也不知道哪條線路最優，你只能憑經驗、憑感覺去走。

都是二十幾歲，都會有天真、莽撞、多愁善感的時候，還喜歡故弄玄虛，所以做出錯誤的選擇是在所難免的，可如果不這樣的話，後來的我們也不會變得如此明智和從容。

我的意思是，不用擔心萬一選錯了怎麼辦，不用介意「我落後了」，只要你還在自己選擇的生活裡，就算是在原地打轉，那也是自在的困境。

不要因為一時受挫就選擇躺平，也不要因為跟別人選的不一樣就任由自己被什麼浪潮捲走。只要你還在繼續往前走，就算是暫時迷了路，那也是出路的一部分。

如果你不知道該做什麼，那就把手邊的小事做好；如果你不知道該從哪裡開始，就把離你最近的事情做好。當你把希望放在別人身上時，你只會選擇等待；而當你把希望放在自己身上時，你就會選擇奔跑。更神奇的是，當你專注在你可以控制的事情上時，那些不可控制的事情都會往好的方向走。

3

羅翔老師講過一個小故事。說他的一個學生大學考考差了，有人私下找這個學生說：「你只需要繳一筆錢，就能去你想去的大學。」學生信以為真，之後順利入學，跟其他人一樣，他領到了學生證、學餐儲值卡、學號、宿舍的床位編號，平時也跟其他人一樣上課、考試，四年之後也拿到了畢業證書，但這時候他才發現證書是假的。

更讓人崩潰的是，他這幾年一直很努力，並且順利地通過了律師考試和研究生考試，但因為這張畢業證書是假的，所有的成績都被取消了。

如果換作一般人，大概早就去仇恨世界了，但這位學生沒有。他花了一年半的時間，透過自學考試拿下了本科證書，又重新參加律師考試和研究生考試，最後都通過了。

人生不會因為一次好運就變好，也不會因為一次厄運就完蛋。在命運看似牢不可破的大網裡，總有那麼幾隻不甘平庸的魚。

因為人和人是不一樣的，同樣是二十幾歲，有的人在搶時間，有的人在耗時間；有的人在拚命，有的人在認命。

那麼你呢？

只要是晴天，窗外就會有三五成群的人在談笑風生，為什麼你要困守在自習室裡安安靜靜地讀書寫題目呢？

只要老闆不在，就會有同事聚在一起嘰嘰喳喳地聊八卦，為什麼你還要繼續努力工作呢？

你完全可以跟他們一樣，停止努力就會馬上變得輕鬆，可你為什麼偏不呢？

你知道付出未必有回報，也知道喜歡一個人未必能在一起，可你為什麼偏要呢？

因為你不想輸，因為你知道自己想要什麼，因為你相信「我可以」，因為你知道人生不是老天事先為你安排的，而是自己一點一點選出來的，因為你明白不一定每次都會贏，但有時會贏。

努力的意義就是為自己爭取更多的選擇權：選擇跟喜歡的人在一起，或者選擇遠離誰；選擇某個舒心的圈子，或者跳出某個討厭的圈子；選擇自己想要的生活，或者掙脫自己討厭的生活。

你可以選擇挺直腰桿，也可以選擇彎腰駝背，這塑造了你的體態；你可以選擇友善待人，也可以選擇消極冷漠，這塑造了你的交際；你可以選擇感恩你所擁有的健康、親情，也可以把一切視為理所當然，這塑造了你的心態；你可以選擇主動去爭取自己想要的生活，也可以選擇隨波逐流、聽天由命，這塑造了你的命運。

怕就怕，你選擇站在陰影裡，卻說太陽對你不公平；你選擇跳進泥坑裡，卻說人生之路太兇險；你選擇整天怨天尤人，卻說生活拋棄了你。

你一直在抱怨生活，卻從沒有勇氣做出改變；你一直在幻想各種可能性，卻又縮手縮腳地認定人生就這樣了；你把大把的機會都浪費在淺嘗輒止上，把太多的美好時光都荒廢在了坐以待斃上。

我想提醒你的是，你不可能同時擁有「遇到困難就逃避的輕輕鬆鬆」和「在考試、工作、難題面前的遊刃有餘」；你不可能同時擁有「想怎麼樣就怎麼樣的囂張跋扈」和「一遇到麻煩就會有八方支援的理所當然」。

你不能明明要的是雲中漫步，卻又害怕跌落泥潭；你不能明明追求的是細水長流，卻又埋怨沒能像煙花般絢爛。

如果害怕失敗就選擇平凡，如果擔心出錯就選擇什麼都不做，如果因為懶惰就一直拖著，這是典型的投降主義，是在幫助那些嘲笑你的人，實現他們的勝利。

4

有個光頭藝人曾因掉髮的問題內心煎熬了很多年，最嚴重的時候，他只剩一縷頭髮了，那撮頭髮像孤島一樣盤旋在頭頂，所以他總是戴著帽子。

有一次，他在路口等紅綠燈，一陣風把帽子颳飛了，中間那一縷頭髮被吹得立了起來。旁邊的年輕人轉頭看他時，嚇得直接從腳踏車上摔了下來。

他說：「那一刻，摔倒的是別人，但碎得稀巴爛的是我的心。」

於是，他下定決心：「一定要給自己剃個光頭。」這個折磨了他好久的問題在他剃成光頭之後徹底解決，他如釋重負：「我還是我，為什麼我以前要把注意力都放在別人怎麼看我的頭髮上呢？」

很多事情之所以讓你感覺寢食難安，不是因為這件事情有多麻煩，而是你選擇了「不放過自己」。你總琢磨自己的那點煩心事，就像是用放大鏡盯著自己的死結，導致你的視野被擋得死死的。

我想提醒你的是，雖然你不能選擇怎麼生、怎麼死，但你能選擇怎麼愛、怎麼活。

你沒辦法選擇自己會遇到一個什麼樣的戀人，也沒辦法留住一個已經不愛你的人，但你的心情可以選擇。

失戀的感覺就像是淋一場大雨，你可以選擇繼續在雨中挨澆，繼續淒淒慘慘戚戚，甚至縱容自己生一場大病；你也可以選擇走進屋裡，把濕衣服換下來，再喝杯熱茶。

被放棄的滋味確實不好受，但除了沉溺於「那個人的離開讓我好難過」之外，你也可以勸自己：「我終於離開了那個讓我好難過的人。」

你沒辦法選擇別人如何對待你，但你待人的方式是可以選的。

你可以選擇冷酷，因為你「吃了很多苦頭，看不到光明，被人傷害過，所以要讓別人也吃苦頭，也感受一下自己受過的傷害」，而這意味著你會逐漸變成一個硬邦邦、冷冰冰的人。

你也可以選擇溫柔，因為你「吃了很多苦頭，被尖銳的東西傷害過，所以知道如何避免此類傷害的發生，避免讓其他人再受傷害」，而這意味著你在人群中生活總是帶著一份血淋淋的體貼。

你沒辦法選擇生養你的父母，但你的人生還有得選。沒有任何力量能讓你的父母回到童年去修復你的過去，但也沒有任何力量可以阻止你去過好每一天。

你沒辦法選擇自己的長相、髮量和音色，但你的心態是可以選的。你可以選擇不停地抱怨「好煩啊」、「我快氣死了」，也可以選擇「那又能怎麼樣呢」。

所謂煩惱常常是以「我實在沒辦法了」為藉口的自我恐嚇，而所謂思考則是以「一定還有別的辦法」為前提的樂觀求索。

5

關於選擇，我總結了四條原則：

一、如果你不知道該怎麼選，那就問問自己：「如果是自己的孩子遇到這樣的情況，我會希望她怎麼選？」那就是你潛意識裡覺得最應該選的答案。

二、如果你覺得A選項不行，那不見得就是B選項比較好。感情也好，工作也罷，不要輕易選一個替代品。如果A不行，那就不必有A。

三、人生有很多比贏更重要的事情。比如說，輸得開心一點。很多選擇不能只看輸贏對錯，有時候還要選「我樂意，你管得著嗎」。

四、成年人保持快樂的祕訣就是：買了就不要去比價格，吃了也就不要再去後悔，愛了就不要再去猜疑，散了就不要再去詆毀。與其費心去懊悔過去，不如用心過好當下。

願你蹚過世俗的這趟渾水，仍不失內心的潔白；願你路過形形色色的人間，仍不沾染一身的世故；願你不卑不亢，也有歲月打賞。

希望你
最終能成為
你此刻正在仰望的
那顆星

高寶書版集團
gobooks.com.tw

高寶文學 083

外界的聲音只是參考，你不開心就不參考

作　　者　老楊的貓頭鷹
編　　輯　陳柔含
封面設計　林政嘉
內頁排版　賴姵均、彭立瑋
企　　劃　何嘉雯
版　　權　張莎淩

發 行 人　朱凱蕾
出　　版　英屬維京群島商高寶國際有限公司台灣分公司
Global Group Holdings, Ltd.
地　　址　台北市內湖區洲子街 88 號 3 樓
網　　址　gobooks.com.tw
電　　話　(02) 27992788
電　　郵　readers@gobooks.com.tw（讀者服務部）
傳　　真　出版部　(02) 27990909　行銷部 (02) 27993088
郵政劃撥　19394552
戶　　名　英屬維京群島商高寶國際有限公司台灣分公司
發　　行　英屬維京群島商高寶國際有限公司台灣分公司
初版日期　2023 年 7 月

原書名：世界很喧囂，做自己就好
中文繁體版通過成都天鳶文化傳播有限公司代理，由果麥文化傳媒股份有限公司授予英屬維京群島商高寶國際有限公司台灣分公司獨家出版發行，非經書面同意，不得以任何形式複製轉載。

國家圖書館出版品預行編目 (CIP) 資料

外界的聲音只是參考，你不開心就不參考 / 老楊的貓頭鷹著 . -- 初版 . -- 臺北市：英屬維京群島商高寶國際有限公司臺灣分公司 , 2023.06
面；　公分 . --（高寶文學；GLA083）

ISBN 978-986-506-736-6（平裝）

1.CST: 人生哲學 2.CST: 修身

191.9　　112007629

GOBOOKS
& SITAK
GROUP©